सीमन्तनी उपदेश

लेखिका

एक अज्ञात हिन्दू औरत

भूमिका, सम्पादन तथा अन्य शोध लेख

डॉ. धर्मवीर

वाणी प्रकाशन

वाणी प्रकाशन

4695, 21-ए, दरियागंज, नयी दिल्ली 110 002

शाखा

अशोक राजपथ, पटना 800 004

फ़ोन : +91 11 23273167 फ़ैक्स : +91 11 23275710

www.vaniprakashan.in
vaniprakashan@gmail.com
sales@vaniprakashan.in

SEEMANTANI UPDESH
by An Unknown Hindu Women
Edited by Dr. Dharmveer

ISBN : 978-93-87409-37-8
Feminism

पहला मूल संस्करण 1 फरवरी 1982 को लुधियाना से

संस्करण 2004, 2006
आवृत्ति 2017

मूल्य : ₹ 275

सिटी प्रेस, दिल्ली-110 095 में मुद्रित

वाणी प्रकाशन का लोगो मक़बूल फ़िदा हुसेन की कूची से

भूमिका-2

व्यभिचार एक बुराई नहीं बल्कि कई बुराइयों की जड़ है। इन्हें 'व्यभिचार वर्ग' की बुराइयाँ कहा जाना चाहिए। 'सीमन्तनी उपदेश' की लेखिका ने व्यभिचार वर्ग की बुराइयों की संख्या दस की गिनाई है। उन्होंने व्यभिचारी को समानता की दृष्टि से कुत्ता भी कहा है। वे लिखती हैं–"जो पुरुष व्यभिचारी होते हैं उनका मन कुत्ते की माफिक हमेशा मैले ही में लगा रहता है। फिर यह दस दोष उनमें झटपट आ जाते हैं–चोरी, हिंसा, व्यभिचार, निन्दा, दुर्वचन, झूठ, क्रोध, ईर्ष्या, अहंकार, छल। जहाँ इनमें से एक भी हो वहाँ कभी पुण्य या शुभ कार्य नहीं हो सकता और जहाँ यह दसों होंगे वहाँ पाप का क्या ठिकाना है!"

ऊपर देखा गया है कि जब पुरुष व्यभिचारी बनता है तो लेखिका ने उसे कुत्ता कहा है लेकिन जब औरत व्यभिचारिणी बनती है तो उसे क्या कहा जाएगा? उसे कुतिया ही कहा जाएगा। लेखिका ने माना है कि पुरुष की तरह औरत भी व्यभिचारिणी हो सकती है। वे लिखती हैं–"बेशक, जो औरत अपनी पसन्द कर शादी करे और फिर उस खाविन्द को धोखा दे, दूसरे के पास जाए, अजब नहीं कि उस के वास्ते ऐसा (दण्ड) हो।"

लेखिका ने व्यभिचारी स्त्री और पुरुषों को समाज में छूत की बीमारी फैलाने वालों के रूप में माना है। वे लिखती हैं–"मरा हुआ आदमी अपने फैल अपने संग ले जाता है, मगर जिन्दा आदमी खराब हो औरों को खराब रास्ते में घात करता है। बस, यह जिन्दा रह औरों की खराबी का वाइस बन जाता है।" यहाँ बताया जा सकता है कि लेखिका के हिसाब से हिन्दुओं के व्यभिचार की कोई सीमा नहीं है। उन्होंने जाना है कि '...हिन्दुस्तानी कभी बदफलों से तृप्त नहीं होते...।' अपनी पत्नी को खुद परपुरुष के पास भेजते हैं। लेखिका ने इसकी पक्की गवाही दी है–"अगर (पति) कहे, मेरे फलाने दोस्त से बच्चा पैदा करो, तो फौरन चली जावे चाहे अपना धर्म टूटे। और

कई स्त्रियाँ इसी धर्म के पीछे अपने खास धर्म का भी ख्याल नहीं करतीं।" उन्होंने अफसोस जाहिर करते हुए लिखा है—"..इस का फल तमाम हिन्दुस्तान में फैला है, जिसका फल यह है कि व्यभिचार करने को लोग कुछ पाप नहीं मानते बल्कि जो इस काम में नहीं पड़ता उसे नामर्द करार देते हैं।" पुरुषों के इस धर्म के तहत पण्डितों द्वारा खाविंदों को जो सिखाया जाता है वह यह है—"इस दुनिया में जिसने दो-चार-दस-बीस कन्याओं से संग नहीं किया उसका पैदा होना ही निष्फल है।"

लेखिका ने पण्डितों द्वारा स्थापित 'पतिव्रता धर्म' को उनका 'खुद-मतलबी-धर्म' कहा है। वे लिखती हैं—"यह पतिव्रता धर्म नहीं, खुद-मतलबी-धर्म है।" उन्होंने स्त्रियों को यह भी सलाह दी है कि 'बस, अब तुम इस धर्म को छोड़ दो।' वे नया धर्म खड़ा करने की बात कह रही हैं—"बस, अब इस जमाने के वास्ते नया धर्म बनाओ जिसमें स्त्री पतिव्रता धर्म करे। मर्द दूसरी का ख्याल ख्वाब में भी न लावे।" लेकिन इसमें उनकी इच्छा यह कतई नहीं है कि मर्द स्त्री का गुलाम बन जाए। वे सदाचार की रक्षा करती हुईं और मर्द और औरत को बराबरी पर लाती हुईं, लिखती हैं—"मेरा मतलब यह नहीं है कि मर्द स्त्री के ही वश में हो जाए। नहीं, जैसा पाप स्त्री को दूसरे पुरुष पास जाने से होता है वैसे ही पुरुष को भी दूसरी स्त्री पास जाने से समझाओ।" इस नए धर्म में विधवा को उनकी सलाह है—"तुम्हारी बेहतरी की यही तजवीज अच्छी है कि जब दिल इस इन्द्रिय के विषय को चाहे दूसरी शादी कर लो।"

यहाँ एक बात कही जा सकती है कि 'सीमन्तनी उपदेश' में विधवाओं की समस्याओं का खास जिक्र है। पर हिन्दू विवाह में विधवा के पुनर्विवाह पर रोक का राज क्या है? राज इस डर में है कि कहीं कोई औरत अपने पति को मार न दे। चूँकि, द्विज-पुरुषों में कामाचार की बदफैली की कोई सीमा नहीं है, इसलिए डर यह है कि औरत ऐसे पति को छोड़ सकती है और छोड़ने की अनुमति न मिलने पर उसे जान से मार सकती है। इसीलिए, विवाह को पवित्र और अटूट बना कर तथा विधवा के पुनर्विवाह की मनाही के द्वारा ऐसी पक्की गारन्टी ली गई है कि किसी भी सूरत में नारी की मुक्ति सम्भव नहीं है और वह पुनर्विवाह नहीं कर सकती। चूँकि, शुरू में औरतें ब्राह्मण-समाज की नहीं थीं, इसीलिए औरतों के साथ ऐसा कठिन बर्ताव किया गया था। बहुत सारी औरतें विजित जातियों से छीनी गई थीं जिनका विश्वास नहीं किया जा सकता था। उनकी निष्ठाओं पर शक था। उनके माँ-बाप और भाई मारे गए थे। इसीलिए उन्हें अपनी संस्कृत भाषा नहीं पढ़ाई गई, उन्हें जनेऊ भी नहीं दिया गया, और शूद्रों की कोटि में रखा गया था। लेकिन समय बीतने के साथ अब वे कारण मौजूद नहीं हैं। तब कानून के बदलने पर भी समाज में रिवाज के स्तर पर यह कायम क्यों है? इस का कारण है, इतनी सारी औरतें सेक्स के लिए घरों में फ्री में मिलती हैं। वे देद   जेठ और ससुर के लिए खुली खेती होती हैं और पुजारियों तथा पुरोहितों के लिए पड़ा पाया खाजा हैं। सच तो यह है कि विधवा का होना हिन्दुओं की जार मानसिकता का संस्थागत स्वार्थ बना हुआ है। इससे इन्हें अपने जारकर्म की

सिद्धी साधने में मदद मिलती है और इनके परकीया काव्य की रचना में चार चांद लग जाते हैं। हाँ, सच्चे कवि की दृष्टि से वह समाज सहज और संवेदनशील नहीं कहा जा सकता जिसने विधवा के पुनर्विवाह पर रोक लगाने का कठोर चलन जारी किया और निर्दयी कानून बनाया। ऐसे समाज में कवि पैदा हो ही नहीं सकता—वह आत्महत्या ही कर लेगा। कवियों ने हिन्दू समाज में तीन हजार साल से आत्महत्या कर रखी है। कहाँ है कवि?—परकीया में व्यभिचार से जबान गन्दी होती है—वहाँ प्रेम के आँसुओं में सुबकती हुई पवित्र कविता के दर्शनों के टोटे पड़े हुए हैं।

'सीमन्तनी उपदेश' की लेखिका मानती है कि औरत भी हत्यारी हो सकती है। इस पुस्तक से इस बात के सबूत मिलते हैं कि औरत अपने खाविन्द और बच्चों की हत्यारी हो सकती है। वह किसी अन्य व्यक्ति को भी जान से मार सकती हे। लेखिका लिखती है—"बड़ी से बड़ी लड़ाई पहले पहल औरत-खाविन्द में यहाँ से शुरू होती है और कई औरतों ने इसी जेवर के पीछे अपने खाविंदों को मार दिया है।" वह आगे गवाही देती है—"पाँव के अगूँठे में एक अनबट नामी जेवर होता है जिस के नीचे पाँव अंगुल की कील छोटी अगुँली तक नीचे की तरफ रहती है। इसी जेवर से कई औरतों ने खून किए हैं।"

अपनी खुदगर्जी और बदफैली के लिए औरत कितनी निर्दयी हो सकती है, उसके माँ के रूप को ले कर इस के सबूते इस पुस्तक में बार-बार मिलते हैं। वे लिखती हैं—"क्या परमेश्वर की माया है कि जिस बच्चे को माँ अपनी तमाम मेहरबानियों से अपने ऊपर तकलीफ झेल कर पालती है, हाय उसी को यह कम्बख्त माँ तमाम खुदा के कबानीनों को तोड़ कर खुद अपने हाथों से हलाक करती हैं।" तब औरत माँ नहीं रह जाती। लेखिका ने पूछा है—"क्या उस बेगुनाह का खून करते परमेश्वर का खौफ भी तुम्हारे दिल में नहीं आता? क्या उस वक्त मादराना जोश भी अपना असर नहीं करता? क्या उस की भोली-भाली सूरत तुम्हारे दिल पर रहम पैदा होने नहीं देती? उस बच्चे का तो कुछ गुनाह नहीं, गुनाह तो आप ही का है। क्यों नहीं उस वक्त अपने ही गले में फॉसी दी जब दिल ने बदफैली करने की तरकीब दी थी? नहीं, लड़के को फाँसी देने के वक्त परमेश्वर का भी डर होना चाहिए था।"

यहाँ एक बात और बताई जा सकती है कि यह लेखिका हिन्दुओं के कर्मवाद के सिद्धान्त में विश्वास नहीं करती जो पुनर्जन्म के झूठ से जुड़ता है। न यह पुनर्जन्म को मानती है और न उससे सम्बन्धित मिथ्या कर्मवाद को। परलोक के बजाय यह लौकिक और कानूनी व्यवस्था में विश्वास करती है, लिखती है—"अगर आप कोई नेक काम करोगी तो उसका पुण्य भी आप ही को मिलेगा। अगर बद करो तो भी आप ही को भोगना पड़ता है।...जो जैसा करेगा वैसा इसी दुनिया में पावेगा। तुम किसी को जान से मारो, बस, इसकी एवज में तुम ही को फाँसी होगी। जब औलाद इस दुनिया में हम को दुखों से नहीं छुड़ा सकती तो उस दुनिया में जिसकी आज तक किसी को

खबर नहीं हुई, क्या करेगी?" पुनर्जन्म का खंडन करती हुई वह लिखती है—"कोई आता नहीं है फिर मर के।" अपनी इसी काव्य-रचना में उसने आगे लिखा है—"जाके आती नहीं मैं दुनिया से।"

अंत में मुझे विश्वास है कि मैं इस अज्ञात हिन्दू औरत का नाम भी जरूर ढूंढ लूँगा। वैसे, 21वीं शताब्दी की अपनी समकालीन औरतों में मैं यही ढूँढता हूँ कि इनमें से कोई मीरा होगी, कि इनमें से कोई 'सीमंतनी उपदेश' की अज्ञात लेखिका होगी। मेरा चिन्तन प्रेम में ओतप्रोत है और मैं जीवन के उस सुख में झूम रहा हूँ कि मेरी शिकायत की सीमा चुकी हुई है। यह उनकी आजादी है कि वे अपने संघर्ष को कैसे आगे बढ़ाती हैं या उसे कैसा नेतृत्व देती हैं। मैं उनके रास्तें में अड़ा नहीं खड़ा हूँ—बल्कि प्रेम में पिघला हुआ पड़ा पहाड़ हूँ।

अफसोस की बात है कि चूढ़े-चांडाल की गाली यह लेखिका भी दे गई है!

पोंकाला, 6 फरवरी, 2004 —**धर्मवीर**
तिरुवनन्तपुरम

'सीमन्तनी उपदेश' और पण्डिता रमाबाई[1]

I

'सीमन्तनी उपदेश' की लेखिका 'एक अज्ञात हिन्दू औरत' की मेरी खोज में समय के साथ बहुत कुछ ज्ञात होता जा रहा है। ये लेखिका आज एक सौ अट्ठारह वर्ष बाद नाम के रूप में हमें अज्ञात लगती हैं लेकिन अपने समय के लिए ये अज्ञात नहीं थीं। ये केवल ज्ञात ही नहीं थीं बल्कि अपने समय की नारियों और अपने आन्दोलन को प्रभावित कर रही थीं। इस बात के पक्के प्रमाण मिल रहे हैं कि ये उस समय के नारी-आन्दोलन की प्रेरणा-स्रोत बनी हुई थीं।

कई विद्वानों ने मुझसे जानना चाहा है कि वे यह कैसे मान लें कि 'सीमन्तनी उपदेश' सन् 1882 की लिखी हुई पुस्तक है। उनकी माँग सही है लेकिन अब मेरे द्वारा बताई गई इसके पहले प्रकाशन की तिथि एक फरवरी सन् अट्ठारह सौ बयासी इससे भी प्रमाणित हो जाती है क्योंकि पण्डिता रमाबाई ने अपनी पुस्तक 'द हाई-कास्ट हिन्दू वूमेन' में जो सन् 1887 में प्रथम बार प्रकाशित हुई थी, 'सीमन्तनी उपदेश' के एक अध्याय का अँग्रेजी में अनुवाद करके दिया है। इसमें पण्डिता रमाबाई का 'सीमन्तनी उपदेश' और उसकी अज्ञात लेखिका से गहरा सम्बन्ध जुड़ता है। असल में, पण्डिता रमाबाई की यह पुस्तक इस अज्ञात हिन्दू औरत को कई दृष्टियों से ज्ञात बना देती है। विश्लेषण करने से पहले यहाँ वे शब्द उतारे जा सकते हैं जो उन्होंने 'सीमन्तनी उपदेश' की लेखिका के बारे में लिखे हैं। वे अँग्रेजी में इस

1. 'हंस', 2/36ए, अन्सारी रोड, दरियागंज, नई दिल्ली-110002 के नवम्बर, 2000 के अंक में पृष्ठ 59-60 पर प्रकाशित

प्रकार हैं – "Here is a prayer by a woman doomed to life-long misery, which will describe her own and her sisters feelings better than any words of mine. It was written by a pupil of a British Zenana missonary, one of the few Hindu women who can read and write, and one who has tasted the bitter sorrows and degradation of Hindu widowhood from her childhood,– "(द हाई-कास्ट हिन्दू वूमेन, पण्डिता रमाबाई सरस्वती, फ्लेमिंग एच. कम्पनी, संस्करण 1901, पृष्ठ-111)।

इस उद्धरण से निम्न बातों का पता चलता है :

1. पण्डिता रमाबाई ने 'सीमन्तनी उपदेश' की लेखिका को बहुत ही आदर और श्रद्धा से याद किया है। उन्होंने माना है कि 'सीमन्तनी उपदेश' की लेखिका के शब्द सच्चाई को व्यक्त करने में खुद उनके अपने शब्दों से अधिक सशक्त हैं।
2. दूसरा पता यह चलता है कि 'सीमन्तनी उपदेश' की लेखिका पढ़ी-लिखी महिला थीं और उन्होंने 'ब्रिटिश जनाना मिशनरी' की संस्था में शिक्षा पाई थी। वे ऐसे स्कूल की शिष्या कही गई हैं।
3. अगला पता यह चलता है कि 'सीमन्तनी उपदेश' की लेखिका मात्र विधवा नहीं थीं बल्कि 'बाल-विधवा' थीं। इससे उनका दुःख ज्यादा गहराया हुआ है। पण्डिता रमाबाई भी विधवा थीं लेकिन उनकी 'मनोरमा' नाम की एक बेटी थी। 'सीमन्तनी उपदेश' की लेखिका अपनी पुस्तक में यह सूचना खुद दे गई हैं कि 'अव्वल तो मुझे कभी औलाद की ख्वाहिश ही नहीं होई थी मगर जो कुछ थी वह इसका हाल देखने से जाती रही। उस वक्त मैंने परमेश्वर का बड़ा शुक्र किया कि मुझे ऐसी दुःख देने वाली औलाद से माफ किया'(सीमन्तनी उपदेश, सम्पादक धर्मवीर, संस्करण 1988, पृष्ठ-90)।

लेकिन मैं यह कैसे कह रहा हूँ कि पण्डिता रमाबाई की पुस्तक में सन्दर्भित ये महिला 'सीमन्तनी उपदेश' की अज्ञात हिन्दू लेखिका हैं? इसके लिए बताया जा सकता है कि पण्डिता रमाबाई ने 'सीमन्तनी उपदेश' का एक पूरा अध्याय अपनी पुस्तक में अँग्रेजी में अनुवाद करके उद्धृत किया है। उसका पहला पैरा इस प्रकार है :

> "Oh Lord, hear my prayer! No one has turned an eye on the oppression that we poor women suffer, though with weeping, and crying and desire, we have turned to all sides, hoping that some one would save us. No one has lifted up his eyelids to look upon us, nor inquire into our case. We have searched above and below, but

Thou art the only One who wilt hear our complaint,—Thou knowest our impotence, our degradation, our dishonour."

"O Lord, inquire into our case. For ages dark ignorance has brooded over our minds and spirits; like a cloud of dust it rises and wraps us round, and we are like prisoners in an old and mouldering house, choked and buried in the dust of custom, and we have no strength to go out. Bruised and beaten, we are like the dry husks of the sugar-cane when the sweet juice has been extracted. All-knowing God, hear our prayer! forgive our sins and give us power of escape, that we may see something of Thy world. O Father, when shall we be set free from this jail? For what sin have we been born to live in this prison? From Thy throne of judgment justice flows, but it does not reach us; in this, our life-long misery, only injustice comes near us.

"Thou hearer of prayer, if we have sinned against Thee, forgive, but we are too ignorant to know what sin is. Must the punishment of sin fall on those who are too ignorant to know what it is? O great Lord, our name is written with drunkards, with lunatics, with imbeciles, with the very animals; as they are not responsible, we are not. Criminals, confined in the jails for life, are happier than we, for they know something of Thy world. They were not born in prison, but we have not for one day, no, not even in our dreams, seen Thy world; to us it is nothing but a name; and not having seen the world, we cannot know Thee, its maker. Those who have seen Thy works may learn to understand Thee, but for us, who are shut in, it is not possible to learn to know Thee. We see only the four walls of the house. Shall we call them the world, or India? We have been born in this jail, we have died here and are dying.

> "O Father of the world, hast Thou not created us? Or has perchance, some other god made us? Dost Thou care only for men? Hast Thou no thought for us women? Why hast Thou created us male and female? O Almighty, hast Thou not power to make us other than we are, that we too might have some share in the comforts of this life? The cry of the oppressed is heard even in the world. Then canst Thou look upon our victim hosts, and shut Thy doors of justice? O God Almighty and Unapproachable, think upon Thy mercy, which is a vast sea, and remember us. O Lord, save us, for we cannot bear our hard lot; many of us have killed ourselves and we are still killing ourselves. O God of mercy, our prayer to Thee is this, that the curse may be removed from the women of India. Create in the hearts of the men some sympathy, that our lives may no longer be passed in vain longing, that saved by Thy mercy, we may taste something of the joys of life.
>
> (द हाई-कास्ट हिन्दू वूमैन, पण्डिता रमाबाई सरस्वती, फलेमिंग एच. कम्पनी, संस्करण 1901, पृष्ठ-112-13)

अब 'सीमन्तनी उपदेश' के तीसरे नम्बर (अध्याय) 'आर्य स्त्रियों की प्रार्थना' के पहले पैरे में से ये शब्द देखे जा सकते हैं :

> "हे परमेश्वर, हमारी फरियाद को सुन। हम मजलूमों की फरियाद पर किसी ने ध्यान नहीं किया। हमने इस हिन्दुस्तान में चारों तरफ पुकार-पुकार और रो-रो के हरेक के सामने फरियाद की, लेकिन किसी ने हमारे बावैले पर कान न धरे, न पलक उठा के देखा। हमने खूब गौर से इस दुनिया में देख लिया, मगर सिवा तेरे हमारी बेकसी, बेबसी, बेकद्री, बेइज्जती की फरियाद को सुनने वाला कोई नजर न आया। तू गौर से हमारी फरियाद को सुन। मुद्दत से हिन्दियों के दिमाग में जहालत की अँधेरी चल रही है। उससे जुल्म की गर्द उड़-उड़ कर हमारे ऊपर पड़ती है। जैसे कोई मकान बहुत देर तक गर्द पड़ने से दब जाता है उसी माफिक हमारी हालत है। हम निकलने की ताकत नहीं रखती हैं। जैसे गन्ने का रस निकाल लेने से छिलका रह जाता है वैसे ही हमारी हालत है।"

फर्क यह है कि 'सीमन्तनी उपदेश' में यह अध्याय नौ पैरों में पूरा हुआ है

लेकिन अँग्रेजी में यह कुल चार पैरों में पूरा हो गया है। अन्तिम पैरे का अनुवाद किया नहीं गया है या उपलब्ध नहीं था—कुछ कहा नहीं जा सकता। सामग्री ज्यों की त्यों रहते हुए भी पैरों की काट अलग-अलग है। अनुवाद में दूसरा फर्क यह है कि हिन्दी में यह 'हमारी फरियाद को सुन' से शुरू होता है लेकिन अँग्रेजी में यह 'hear my prayer है। लेकिन यह फर्क इस लिए भी आ सका हो कि 'सीमन्तनी उपदेश' में इससे पहले, दूसरे नम्बर के अध्याय का शीर्षक 'खुदा से मेरी फरियाद' है। लेकिन इसमें यह पता नहीं चलता कि 'सीमन्तनी उपदेश' के इस अध्याय का अँग्रेजी में अनुवाद खुद पण्डिता रमाबाई ने किया है या उन्होंने यह कहीं से लिया है। सही पता तब चलेगा जब पण्डिता रमाबाई की पुस्तक का हिन्दी में किया गया कोई तत्कालीन या बाद का अनुवाद प्राप्त होगा। उसमें महत्वपूर्ण बात यह होगी कि क्या अनुवादक के पास हिन्दी की मूल 'सीमन्तनी उपदेश' पुस्तक उपलब्ध थी।

पण्डिता रमाबाई ने अपनी पुस्तक में देवेन्द्र एन. दास के 'नाईनटीन्थ सेन्चुरी' के सितम्बर 1886 के अंक में 'द हिन्दू विडो' शीर्षक से छपे एक लेख को भी उद्धृत किया है। देवेन्द्र दास ने लिखा है—"The English have abolished Sati (suttee), but alas! neither the English nor the angels know what goes on in our houses, and the Hindus not only do not care, but think it good!' Such were the words of a widow"(द हाई-कास्ट हिन्दू वूमेन, पृष्ठ - 115)।

इसमें भी लगता है कि ये देवेन्द्र दास जिन किन्हीं विधवा के शब्द कह रहे हैं वे 'सीमन्तनी उपदेश' की ये ही अज्ञात हिन्दू लेखिका हैं। इसी आशय के 'सीमन्तनी उपदेश' से शब्द उद्धृत किए जा सकते हैं जो इस प्रकार हैं—"सरकार अँग्रेजी ने हिन्दुस्तान में सती करने के रिवाज को बन्द किया मगर यह घर में सती करते हैं जिसकी सरकार के फरिश्तों को भी खबर नहीं। कोई महात्मां हिन्दू भाई इस पर ख्याल नहीं करता, बल्कि अपना फायदा समझते हैं कि रांड के जीने से खराबियाँ ही होंगी" (सीमन्तनी उपदेश, सम्पादक धर्मवीर, पृष्ठ - 83)।

'सीमन्तनी उपदेश' और पण्डिता रमाबाई की पुस्तक 'द हाई-कास्ट हिन्दू वूमेन' में एक दूसरी खास तुलना वर्ण-व्यवस्था को ले कर की जा सकती है। पण्डिता रमाबाई ने अपनी पुस्तक का शीर्षक बिना कोई लाग-लपेट रखे 'द हाई-कास्ट हिन्दू वूमेन' रखा है। उन्होंने दूसरी जातियों से अपना कोई नाता नहीं जोड़ा। उन्होंने अकाल के समय आश्रम में मदद का काम द्विज-जातियों की औरतों के लिए ही किया था। इतना ही नहीं, सबसे बड़े दुर्भाग्य की बात उनके इस बड़बोलेपन में है कि नस्ल के आधार पर द्विज-जातियों की औरतों की अक्ल दलित जातियों की औरतों की अक्ल की तुलना में ज्यादा होती है। यह वही 'रस्सी जल गई पर बल न गए' वाली बात है। 'सीमन्तनी उपदेश' की लेखिका को ऐसा कोई घमण्ड छू नहीं गया है। 'सीमन्तनी उपदेश' से उस काल में छुआछूत के होने का पता जरूर लगता

है लेकिन लेखिका ने छुआछूत की तरफदारी नहीं की। उलटे, वे ऐसे मामलों में छुआछूत के अपराध को मिटाने को जायज करार देती हैं। वे हिन्दुस्तान के किसी अमीर बाप की बेटी पार्वती नाम की बाल-विधवा के जवान होने पर लिखती हैं–"आखिर एक नौकर से खराब हुई। लेकिन इसको खराब होना न कहना चाहिए। आदमी की भूख और रंज के वक्त सब्र और शर्म दोनों रुखसत हो जाती हैं। ऐसे वक्त अगर मेहतर का खाना मिले वह भी रवा समझता है" (सीमन्तनी उपदेश, सम्पादक धर्मवीर, पृष्ठ - 65)। जाहिर है, 'सीमन्तनी उपदेश' का दृष्टिभेद अमीर और गरीब का, मालिक और नौकर का लौकिक है तो पण्डिता रमाबाई का सामाजिक भेद नस्लगत, वर्ण-व्यवस्था का और ईश्वरीय है।

सवाल इस बात का भी उठा है कि दूसरी समकालीन नारी लेखिकाओं की पुस्तकों की तुलना में 'सीमन्तनी उपदेश' कितनी पुरानी पुस्तक है। ज्योतिबा फुले ने सन् 1885 में अपनी प्रसिद्ध पुस्तक 'सतसार' लिखी थी। इस पुस्तक में उन्होंने पण्डिता रमाबाई के ईसाई धर्म में धर्मान्तरण को उचित ठहराया था। लेकिन इसमें उन्होंने यह भी कहा था कि ताराबाई शिन्दे भी इसी तरह की एक अन्य बहादुर औरत हैं। ताराबाई शिन्दे की मराठी में लिखित पुस्तक 'स्त्री-पुरुष-तुलना' की भूमिका में रोसालिन्ड ओ' हनलन (ROSALIND O' HANLON) ने लिखा था कि जहाँ तक उनकी पश्चिमी भारत के साहित्य के बारे में जानकारी है, ताराबाई की पुस्तक इस विषय पर सबसे पहली पुस्तक है। लेकिन सच्चाई यह है कि ताराबाई शिन्दे की यह पुस्तक प्रथम बार सन् 1882 में प्रकाशित हुई थी। मैं बता चुका हूँ कि 'सीमन्तनी उपदेश' का हिन्दी में प्रकाशन एक फरवरी सन् अठारह सौ बयासी में हुआ था। ताराबाई शिन्दे की पुस्तक में प्रकाशन वर्ष सन् 1882 लिखा हुआ है लेकिन उसमें महीना और तारीख नहीं लिखी गई हैं। इसीलिए, जब तक ताराबाई शिन्दे की पुस्तक के अन्तःसाक्ष्यों या अन्य किसी पुष्ट आधार पर अन्यथा सिद्ध न हो जाए तब तक इस बात पर कायम रहा जा सकता है कि 'सीमन्तनी उपदेश' 'स्त्री-पुरुष-तुलना' से पहली पुस्तक होनी चाहिए।

–धर्मवीर

‘सीमन्तनी उपदेश’ की लेखिका कौन थी?[1]

I

मैंने सन् 1988 में ‘एक अज्ञात हिंदू औरत’ की सन् 1882 में लिखी किताब ‘सीमन्तनी उपदेश’ का सम्पादन किया था। हिंदी जगत में मेरी आशा के अनुरूप इस पुस्तक का स्वागत हुआ है। सभी जिम्मेदार विचारकों ने इस किताब की प्रशंसा की है– यहाँ तक कि कुछ लोगों के लिए मेरी पहचान ‘सीमन्तनी उपदेश’ के सम्पादक की बन गई है। श्री विष्णु प्रभाकर ने अपने उपन्यास ‘अर्धनारीश्वर’ में इस किताब के अंश तक उद्धृत किए हैं। इस पुस्तक की सबसे ताजी प्रशंसा श्री राज किशोर ने ‘आज के प्रश्न’ की शृंखला में अपनी संपादित पुस्तक ‘स्त्री, परंपरा और आधुनिकता’ में की है। उन्होंने अपनी पुस्तक की शुरूआत ‘सीमन्तनी उपेदश’ के कुछ अंशों को यथावत ले कर एक लेख की शक्ल देते हुई की है।

मैंने इस पुस्तक की भूमिका में लिखा था–“इस बात की जानकारी के प्रयत्न किए जाने चाहिए कि यह लेखिका कौन थी। जब हम मुंशी कन्हैया लाल अलखधारी के सम्प्रदाय की अधिक खोजबीन करेंगे तो पूरी आशा बनती है कि इस

1. ‘हंस’, 2/36ए, अन्सारी रोड, दरियागंज, नई दिल्ली-110002 के जून, 1999 के अंक में पृष्ठ 38-40 पर प्रकाशित

लेखिका का नाम कहीं जरूर मिल जाएगा।" मैंने आगे लिखा था– "इस गुमनाम लेखिका के विषय में इतना अवश्य कहा जा सकता है कि यह एक हिन्दू औरत थी। एक हिन्दू के रूप में यह सारी हिन्दू औरतों की बात कह गई है। इसमें यह बात भी सच होनी चाहिए कि यह लेखिका किसी धनी घर की बेटी रही है।" मैंने अपनी भूमिका में संभावना व्यक्त की थी– "यह भी निश्चित रूप से नहीं कहा जा सकता कि यह लेखिका पंजाब की रही होगी। इतना अवश्य है कि इसका तत्कालीन पंजाबी समाज का ज्ञान बहुत गहरा है। हो सकता है कि यह लेखिका पंजाब से बाहर जन्म ले कर पंजाब में रही हो। ..... यह पंजाब से ले कर आगरे तक खूब घूमी है। उत्तर भारत में इसके अनुभव बहुत व्यापक और गहरे हैं।" मैंने अपनी 'भूमिका' में यह भी लिखा था– "यह भी नहीं कहा जा सकता कि क्या यह औरत साधु वेश धारण किए हुई थी। यह किसी साधु मंडली की सदस्य हो सकती है लेकिन अपनी इस पुस्तक में यह धार्मिक प्रवृत्ति की बिल्कुल नहीं है। .... हाँ, इस पुस्तक से इतना साक्ष्य अवश्य मिलता है कि यह बेऔलादी थी। इसकी कोई सन्तान न थी।"

'सीमन्तनी उपदेश' की दृष्टि से दूसरी महत्वपूर्ण घटना यह हुई है कि अब सुसी तारु और के. ललिता द्वारा एक दूसरी महत्वपूर्ण पुस्तक अँग्रेजी के दो खण्डों में 'वुमेन राइटिंग इन इन्डिया' शीर्षक से आई है। मुझे इसका 'आक्सफोर्ड इंडिया पेपरबैक्स' की तीसरी आवृत्ति, 1997 का संस्करण मिला है। इसके पहले खण्ड में एक अध्याय 'एनोनिमस' का है। समय सन् 1881 और सन् 1889 दिया गया है। इसे मराठी भाषा से लिया गया है जिसका अँग्रेजी में अनुवाद माया पंडित ने किया है।

मेरे लिए यह 'अज्ञात' अध्याय बेहद महत्वपूर्ण हो गया है। इस अध्याय में दो दुर्लभ रचनाएँ– एक भाषण और एक अखबार में लिखा लेख हैं। मराठी के सबसे पहले उपन्यासकार बाबा पदमन जी (1831-1906) ने अपना उपन्यास 'यमुना पर्यटन, 1857' लिखा था। सूचना के अनुसार, यह उपन्यास भारत में विधवाओं की दुर्दशा की पृष्ठभूमि पर लिखा गया है। अज्ञात औरत के ये दोनों लेख इस उपन्यास के परिशिष्ट के रूप में दिए गए थे। बाबा पदमन जी ने इन लेखों को यह लिखते हुए अपनी पुस्तक में परिशिष्ट के रूप में शामिल किया था कि औरत ही औरत के दुःख को सच्चे रूप में बयान कर सकती है।

पहला लेख एक भाषण है जो इस महिला ने बम्बई के प्रार्थना समाज द्वारा आयोजित एक स्त्री सभा में दिया था। दूसरा लेख 'एक हिन्दू विधवा की दुखी स्थिति : स्वयं एक औरत द्वारा बयान' है। सम्पादिकाओं ने लिखा है कि पहला भाषण 7 अगस्त, 1881 की 'सुबोध' पत्रिका में प्रकाशित हुआ था तथा दूसरा लेख अप्रैल, 1889 में 'द गोस्पल इन आल लैन्ड्स' में छपा था।

दूसरे लेख से हमें इस अज्ञात हिन्दू औरत के बारे में कई सूचनाएँ मिलती हैं। एक सूचना यह है– "हिन्दुओं में चार मुख्य जातियाँ हैं और मैं कायस्थ जाति में

पैदा हुई थी जो क्रम में हिन्दुओं की तीसरी जाति है तथा अपनी विधवाओं के साथ दुर्व्यवहार करने में बेहद कठोर है।" वे अपने बारे में आगे लिखती हैं– "हर जगह विधवाओं की स्थिति दयनीय है लेकिन हमारी जाति में इस बारे में रिवाज बहुत ही बुरे हैं। पंजाब के लोग अपनी विधवाओं के साथ इतनी सख्ती से पेश नहीं आते लेकिन हम पंजाब के नहीं हैं। मूल रूप में हम पश्चिमोत्तर प्रान्त के हैं और पंजाब में बस गए हैं। और चूँकि हमारी जाति एक अच्छी खाती-पीती, बल्कि धनवान जाति है, इसलिए इस मामले में हमारे कानून बेहद सख्त हैं।" इस लेख में इस औरत के बारे में तीसरी सूचना इस प्रकार मिलती है–"विधवा होने से पहले मैं एक बार एक ऐसी गमी में गई थी।"

लेकिन मैंने यह निष्कर्ष कैसे निकाला है कि 'वूमेन राइटिंग इन इंडिया' की अज्ञात लेखिका और 'सीमन्तनी उपदेश' की लेखिका 'एक अज्ञात हिन्दू औरत' दोनों एक हैं? असल में, 'वूमेन राइटिंग इन इंडिया' का दूसरा लेख 'द प्लाइट आफ हिन्दू विडोज एज डेस्क्राइब्ड बाई ए हिन्दू विडो' तथा 'सीमन्तनी उपदेश' का बीसवाँ अध्याय 'रांडों पर सितम' लगभग एक ही लेख है। अँग्रेजी में यह लेख 'मैं' के रूप में लिखा गया है लेकिन 'सीमन्तनी उपदेश' में 'मैं' निकाल दिया गया है। मैंने ऊपर अँग्रेजी लेख से जो उदाहरण दिए हैं वे बिल्कुल शुरू के शब्द हैं और 'रांडों पर सितम' का अध्याय भी इन शब्दों से शुरू होता है– "हिन्दुस्तान में जब किसी औरत का खाविंद मरता है उस बिचारी की बहुत बुरी दुर्दशा करते हैं। मगर पंजाब में यह दस्तूर नहीं है। हिन्दुस्तानी औरतों का हाल लिखती हूँ।" फिर वे लिखती हैं– "सब कौमों से कायस्थों की कौम में बहुत सख्त दस्तूर है।" मैं यहाँ ज्यादा उदाहरण न दे कर इस लेख को बड़ा होने से बचा रहा हूँ।

कुछ विचारकों के मन में एक सन्देह यह बना था कि 'सीमन्तनी उपदेश' किसी औरत की लिखी हुई रचना नहीं है। उनका विचार था कि यह पुस्तक किसी पुरुष ने लिखी है। लेकिन अब इस नई खोज के बाद यह सन्देह निर्मूल हो जाता है। लेकिन यह सवाल अभी भी बना हुआ है कि इस लेखिका ने अपना नाम क्यों छुपाया है। शायद इस प्रश्न का उत्तर बाद की खोजों में दिया जा सकता है। फिर भी, फायदा यह हुआ है कि लेखिका के रूप में 'एक अज्ञात हिन्दू औरत' खुद में एक निरन्तरता साबित करती है। इस 'एक अज्ञात हिन्दू औरत' के नाम से उस युग में जो लेख, भाषण या पुस्तकें उपलब्ध होंगी, अन्यथा सिद्ध न होने पर, तब तक माना जा सकता है कि वह 'सीमन्तनी उपदेश' की लेखिका ही है।

अँग्रेजी में एक अन्य महत्वपूर्ण पुस्तक 'आर्य धर्म : हिन्दू कोन्सियसनेस इन 19थ सेन्चुरी पंजाब' है। इसके लेखक केनेथ डब्ल्यू. जोन्स हैं। इस पुस्तक का वर्तमान प्रकाशन 'मनोहर पब्लिकेशन्स, 2/6 अन्सारी रोड, दरियागंज, नई दिल्ली-110002' से हुआ है। यह पुस्तक 'सीमन्तनी उपदेश' की लेखिका के समय के

पंजाब के बारे में जानकारियाँ देती है। इसमें बताया गया है कि मुंशी कन्हैया लाल अलखधारी का जन्म आगरे में सन् 1809 में एक धनी परिवार में हुआ था। मैं समझता हूँ कि ये कायस्थ थे। इनका निधन 2 मई, 1882 को हुआ था।

'सीमन्तनी उपदेश' से पता चलता है कि यह पुस्तक पहली बार 1 फरवरी, 1882 को मुंशी कन्हैया लाल अलखधारी ने लुधियाने से छापी थी। कहने का मतलब यह है कि इस पुस्तक के प्रकाशन के तीन महीने बाद मुंशी जी का निधन हो गया था। लेकिन इसके बाद यह लेखिका जीवित रही है। इसी संभावना में मैं 'अज्ञात हिन्दू लेखिका' को सन् 1890 की 'माई भगवती' से जोड़ना चाहता हूँ। केनेथ जोन्स लिखते हैं कि माई भगवती की अनेक कृतियाँ रही हैं। उन्होंने हिन्दू विवाह के अवसर पर गाए जाने वाले पुराने गीतों को नए गीत लिख कर बदल दिया था (पृष्ठ-95)। सन् 1892 में हमें सूचना मिलती है कि माई भगवती के प्रभाव के कारण हरियाणे के कस्बों में औरतों को आजादी देने के खतरे साफ देखे जा सकते थे। तब के एक संवाददाता ने यहाँ तक लिखा है कि हरियाणे के किसी घर में अच्छा पका भोजन मिलना कठिन है तथा अपच के डर से बहुत कम लोग हरियाणे में रुकना चाहते हैं (वही, पृष्ठ-108)।

'सीमन्तनी उपदेश' की लेखिका की एक और विशेषता है जो गौरतलब की जा सकती है। वह विशेषता यह है कि जबकि उस शताब्दी में नारियों के कई अन्य लेखन मिले हैं लेकिन वे उपन्यास या संस्मरण आदि के रूप में हैं। उस समय की क्रुपबाई के अँग्रेजी में दो उपन्यास 'सगुना' और 'कमला' हैं। रमाबाई ने अपने 'पति के संस्मरण' लिखे हैं। लेकिन 'सीमन्तनी उपदेश' की लेखिका ने विचार के स्तर पर समाज-दर्शन की गम्भीर पुस्तक लिखी है। उससे पहले यह परम्परा केवल पद्य-लेखन तक सीमित थी।

II

अब मैं अपनी इस बुजुर्ग हिन्दुस्तानी 'माँ' को उन्नीसवीं शताब्दी की मीरा कहना चाहता हूँ।

डॉ. गणपतिचंद्र गुप्त के अनुसार मीरा का विवाह 18 वर्ष की अवस्था में मेवाड़ के प्रसिद्ध महाराणा सांगा के ज्येष्ठ पुत्र कुँवर भोजराज के साथ हुआ था किन्तु लगभग तीन-चार वर्ष के अनंतर ही वे विधवा हो गईं (हिन्दी साहित्य का वैज्ञानिक इतिहास, खण्ड 1, पृष्ठ - 280)। उधर मीरा के पिता का देहान्त भी किसी युद्ध में हो गया था। मीरा अपना ससुराल-गृह त्याग कर पितृ-गृह में जा कर रहने लगीं किन्तु वहाँ का वातावरण उनके अनुकूल नहीं रहा (वही, पृष्ठ - 281)। डॉ. गणपतिचंद्र गुप्त ने मु. देवीप्रसाद को उद्धृत करते हुए यह भी लिखा है कि मीराबाई को राणा

विक्रमाजीत के दीवान कौम महाजन बीजावर्गी ने जहर दिया था (वही, पृष्ठ-280)।

आगे मैं कहना चाहता हूँ कि मीराबाई की पूरी कविता एक विधवा हिन्दू औरत की कविता है। कृष्ण-भक्ति के नाम में किसी हिन्दी समीक्षक ने इस बात को समझने की कोशिश नहीं की कि यह उनकी एक विधवा हिन्दू बेटी की पीड़ा है जो पुनर्विवाह में अपना पति माँग रही है। पुरानी समाज व्यवस्था ने और हिन्दी साहित्य के समीक्षकों ने मीरा की गोद में कृष्ण की पत्थर की मूर्ति थमा कर हिन्दू विधवाओं के पुनर्विवाह की माँग को साढ़े तीन सौ सालों तक ठुकरा दिया था। लेकिन ब्रिटिश काल में मौका पा कर 'सीमन्तनी उपदेश' की यह अज्ञात लेखिका विधवाओं की इस माँग को लौकिक रूप में जोरदार ढंग से पुनः सामने रख गई है। असल में, मीरा के कहने का मतलब समझा जाए कि वे क्या कह रही हैं जब वे कह रही हैं :

1. हेरी! मैं तो दरद दिवाणी होइ, दरद न जाणैं मेरो कोई।
   घायल की गति घाइल जाणैं, की जिण लाई होई।।
2. जाके सिर मोर मुकुट मेरो पति सोई।
3. पिय बिन सूनो है म्हारो देस।
   ऐसा है कोइ पिव कूँ मिलावै, तन मन करूँ सब पेस।
   तेरे कारण बन-बन डोलूँ, कर जोगण को भेस ।।

वास्तव में, मीरा जोगन नहीं हैं बल्कि उन्होंने जोगन का वेश धारण कर रखा है। इस जोगन के वेश के भीतर वे पूरी औरत हैं। वे विधवा हैं लेकिन वे पुनः पत्नी और माँ बनना चाहती हैं। कृष्ण-भक्ति के नाम में विधवा मीरा की पीड़ा को छिपाया न जाए बल्कि उजागर समझा जाए। डॉ. गणपतिचंद्र गुप्त ने मीरा के बारे में जो निम्न निष्कर्ष निकाले हैं वे बहुत महत्वपूर्ण हैं :

1. मीरा कृष्ण के चारित्रिक गुणों एवं महान कार्यों से प्रभावित नहीं होतीं अपितु उनकी रूप-माधुरी से ही आकर्षित होती हैं।
2. मीरा के माधुर्य भाव का लक्ष्य केवल मिलन है, मुक्ति नहीं।
3. मीरा का माधुर्य भाव स्वकीय भाव से ओत-प्रोत है। वे अपने को कृष्ण की प्रेयसी नहीं, पत्नी मानती हैं।
4. उसमें सौंदर्यानुभूति, प्रणय-वेदना एवं विरह की गम्भीरता की व्यंजना सहज रूप में हुई है।

सबसे महत्वपूर्ण शब्द हैं– "वे अपने को कृष्ण की प्रेयसी नहीं, पत्नी मानती हैं।' यही हर हिन्दू विधवा की चाह और लड़ाई है। विधवाओं के साथ सम्भोग सब कर सकते हैं लेकिन उन्हें कोई पत्नी नहीं बनाता। किसी हिन्दू में हिम्मत नहीं कि विधवा को अपनी पत्नी बना ले। हिन्दू विधवा का पुनर्विवाह अकल्पनीय है। इसी विद्रोह में मीरा किसी की प्रेमिका बनने के बजाय अपना घर बसाना चाहती हैं। डॉ. गुप्त के शब्दों में, 'मीरा की कविता, कविता के लिए रचित नहीं अपितु उसे भावावेश में व्यक्त उद्गारों का संकलन कहना अधिक उपयुक्त होगा। उनकी

प्रणय-विभोर आत्मा सांसारिक मर्यादाओं को तुच्छ, लोक-निंदा को उपेक्षणीय एवं पारिवारिक बंधनों को त्याज्य समझती हुई मदविह्वल गति से अलौकिक प्रियतम की ओर अग्रसर होती है, अतः वह अपनी आकांक्षाओं की अभिव्यक्ति में किसी प्रकार के लज्जा-संकोच या अस्पष्ट प्रतीकों का प्रयोग नहीं करती" (वही पृष्ठ-283)।

'सीमन्तनी उपदेश' की लेखिका ने भी काव्य के रूप में 'स्तुति' और 'खुदा से मेरी फरियाद' लिखी हैं। इस पुस्तक में अन्य कविताएँ भी हैं। लेकिन इनके साथ गद्य-लेखन के ज्यादा अध्याय हैं। मेरी मान्यता है कि मीरा की कविता को भी इसी दृष्टि से पढ़ने का सलीका ढूँढ़ा जाना चाहिए। मैं कहना चाहता हूँ कि यदि किसी को मीरा का गद्य उपलब्ध नहीं है तो वह 'सीमन्तनी उपदेश' के गद्य-लेखन को मीरा के पदों पर लिखी गई इस लेखिका की टीका मान ले। यह कहने में कुछ भी बेमेल और अतिशयोक्ति नहीं है कि 'सीमन्तनी उपदश' मीरा के 'विधवा काव्य' की उन्नीसवीं सदी में की गई व्याख्या है। 'कृष्ण भक्ति' का भेद तब खुल कर रह जाता है जब मीरा की तरह 'सीमन्तनी उपदेश' की लेखिका भी खुदा से कविता लिख कर फरियाद करती हैं :

दुनिया में कोई हमदम न हमको पड़ा नजर;
तेरे सिवा कोई नहीं दिलदार खबर ले।

क्या ऐसे में 'सीमन्तनी उपदेश' की लेखिका को हिन्दी साहित्य के पारम्परिक मूल्यांकन में निर्गुण की काव्य-साधिका कहने से बात पूरी हो जाएगी? क्या ऐसे साहित्यिक मूल्यांकन में लेखिका के विधवा होने की सारी पीड़ा अनकही नहीं रह जाएगी?

यह हिन्दी साहित्य के इतिहास का गलत लेखन हुआ है कि मीरा के काव्य को कृष्ण-भक्ति शाखा के पौराणिक गीति-काव्य की परम्परा में स्थान दिया गया है। वास्तव में, मीरा के काव्य का मूल्यांकन इतिहास में 'विधवा काव्य' का एक अलग अध्याय बना कर किया जाना चाहिए। मीरा को पुनर्विवाह में वास्तविक पति मिले तो वे पत्थर के कृष्ण को नदी-नालों में फेंक देंगी। मीरा की वास्तविक माँग और उनके सच्चे विद्रोह का तकाजा उन्नीसवीं शताब्दी में इस 'अज्ञात हिन्दू लेखिका' की पुस्तक 'सीमन्तनी उपदेश' में शब्द ग्रहण करता है। वे सीधे पुनर्विवाह में पति माँग रही हैं, किसी कृष्ण की मूर्ति नहीं। लेकिन इतिहास की गवाही यह है कि पति की माँग में मीरा को कृष्ण की पत्थर की मूर्ति से भी नहीं चिपटने दिया गया था। यह हिन्दी साहित्य के इतिहास-लेखन की वैसी ही दूसरी गलती है जैसी पहली गलती कबीर और रैदास के साहित्य को 'दलित काव्य' न कह कर 'सन्त काव्य परम्परा' या 'निर्गुण पंथ' या 'ज्ञानाश्रयी शाखा' कहा गया है। यह इतिहास के लिखने का ढंग गलत है। इसमें इतिहासकार की नीयत खराब है। यह सुलझती हुई बात को उलझाना है।

—धर्मवीर

भूमिका-1

अमृता प्रीतम पंजाब की बेटी हैं। वे इस युग में पंजाब की बेटियों की पीड़ा को भारत वासियों के सामने और संसार के सामने रख रही हैं। उन्होंने अपनी कविताओं और अपने उपन्यासों के द्वारा पंजाब के दुःख की गहरी बातें उगली हैं।

जब इस शताब्दी के सन् 47 में देश का बँटवारा हुआ था उस समय भी पंजाब की बेटियाँ अपने प्रियजनों को खो कर बहुत रोई थीं। उस समय अमृता प्रीतम को पंजाब की एक पहली दुखयारी बेटी हीर की याद आई थी। पंजाब की हरी-भरी धरती पर हीर अपने जीवन में रोती ही रही थी।

इसी पंजाब की धरती पर 'सीमंतनी उपदेश' की इस अज्ञात लेखिका ने उन्नीसवीं शताब्दी में काम किया था। अन्तर केवल यह है कि पंजाब की यह बहादुर बेटी रोने के बजाय सिंहनी के समान गर्जना कर उठी थी। यह सच है कि इस गर्जना करने में यह पंजाब की शेरनी गुमनाम रहना चाह गई थी। लेकिन इस लेखिका पर इसके गुमनाम होने का आरोप लगाने से पहले इस बात की प्रशंसा की जानी चाहिए कि यह उसकी रणनीति रही होगी। समाज के सामने अपनी बात रखने में इसने कोई कमी नहीं छोड़ी है।

इस बात की जानकारी के प्रयत्न किए जाने चाहिए कि यह लेखिका कौन थी। जब हम मुन्शी कन्हैया लाल अलखधारी के सम्प्रदाय की अधिक खोजबीन करेंगे तो पूरी आशा बनती है कि इस लेखिका का नाम कहीं जरूर मिल जाएगा। पर यदि हमें यह नाम न भी मिले तो भी इस देश की परम्परा के अनुसार इस बात से कोई खास अन्तर नहीं पड़ता। यहाँ अनाम साहित्य लिखने की बहुत पुरानी परम्परा रही है। कोई नहीं कह सकता कि बौद्ध त्रिपिटकों का विपुल साहित्य किस लेखक की रचना है। व्यास के नाम से बहात्तर पुराण और महाभारत जैसा महाकाव्य पढ़ने के बाद भारतीय लोग इन बातों के आदी हो गए हैं। इसलिए इस लेखिका का गुमनाम

रह जाना हमारे लिए चौंकाने वाला नहीं होना चाहिए।

इस गुमनाम लेखिका के विषय में इतना अवश्य कहा जा सकता है कि यह एक हिन्दू औरत थी। एक हिन्दू के रूप में यह सारी हिन्दू औरतों की बात कह गई है। इसमें यह बात भी सच होनी चाहिए कि यह लेखिका किसी धनी घर की बेटी रही है। यह बहुत पढ़ी-लिखी रही है। इसने स्मृतियों और अन्य धर्मशास्त्रों का अध्ययन किया है। इसने इस पुस्तक में तुलसीदास की चौपाइयाँ और सोरठे उद्धृत किए हैं।

यह भी निश्चित रूप से नहीं कहा जा सकता कि यह लेखिका पंजाब की रही होगी। इतना अवश्य है कि इसका तत्कालीन पंजाबी समाज का ज्ञान बहुत गहरा है। हो सकता है कि यह लेखिका पंजाब से बाहर जन्म ले कर पंजाब में रही हो। इसकी भी संभावना है कि पंजाब में जन्म ले कर इस लेखिका का कार्यक्षेत्र पंजाब से बाहर का अधिक रहा हो। किसी भी दशा में इस लेखिका का पंजाब से सम्बन्ध अवश्य जुड़ा है। पंजाब के लोगों के नाम रख कर जो इसने सीख की बातें कही हैं वे किसी अपनत्व के कारण ही कही हैं।

अभी प्रामाणिक रूप से इस बारे में कुछ नहीं कहा जा सकता कि इस पुस्तक को लिखते समय इस नारी की आयु क्या रही होगी। केवल इसी पुस्तक की सामग्री देखने से पता चलता है कि यह कोई प्रौढ़ लेखिका है। यह पंजाब से ले कर आगरे तक खूब घूमी है। उत्तर भारत में इसके अनुभव बहुत व्यापक और गहरे हैं। हम भारतीय लोगों की यह सच में कोई बड़ी बूढ़ी माँ है।

यह भी नहीं कहा जा सकता कि क्या यह औरत साधु वेश धारण किए हुए हुई थी। यह किसी साधु मंडली की सदस्य हो सकती है लेकिन अपनी इस पुस्तक में यह धार्मिक प्रवृत्ति की बिल्कुल नहीं है। जब इसे भजन लिखने का अवसर मिला तब भी यह हिन्दुस्तानी भाषा में स्तुति के नाम से सामाजिक गजल लिख गई है। हाँ, इस पुस्तक से इतना साक्ष्य अवश्य मिलता है कि यह बेऔलादी थी। इसकी कोई सन्तान न थी।

2

इतिहासकार यही तर्क देंगे कि किसी मनुष्य को अपनी बात अपने युग के अनुसार कहनी चाहिए। इतिहासकारों ने मान रखा है कि समाज के विकास की एक लंबी यात्रा चल रही है। हर युग के अनुसार उसके दर्शन और कानून लाए जाते हैं। अपने युग के दर्शन और कानून से बाहर जाना बुरी बात मानी जाती है।

यह बात सच है कि हर समाज का अपना एक युग सापेक्ष कानून हुआ करता है। समाज राज्य की शक्ति द्वारा लोगों को अपने युग सापेक्ष कानून की ओर जाने को बाध्य करता है। इसमें भी दो राय नहीं हैं कि बहुत लोग समाज के पीछे रहा

करते हैं। उनके अपने कुछ स्वार्थ होते हैं। इन्हें साधने में वे समय के कानून का उल्लंघन करते हैं। लेकिन यह एक ही बात हुई। दूसरी बात यह है कि कानून स्वयं परिवर्तनशील है। युग सापेक्ष कानून को अपने दैनिक जीवन के व्यवहार में चरितार्थ किया जा सकता है। इसमें इस बात की भी संभावना रहती है कि कहीं कानून मनुष्य के आदर्श की तुलना में कुछ छोटा न पड़ गया हो। हमारे मानवीय जीवन व्यवहार की असली कसौटी कानून न हो कर स्वयं हमारा मानवीय जीवन है। बहुत सारे लोगों को कानून तक आने की जरूरत होती है लेकिन कई बार स्वयं कानून को अपनी यात्रा में मनुष्य के जीवन तक आना पड़ता है। ऐसे समय में कानून की एक बीच की स्थिति बन कर रह जाती है– जिसमें बहुत कुछ उसके पीछे होता है और बहुत कुछ उसके आगे होता है। ऐसे संक्रान्ति काल में कानून एक पुल का काम कर सकता है। यह काम सामाजिक परिवर्तन के शान्तिमय तरीके का है। यदि ऐसा नही हो पाता है तो इतिहास कुछ देर ठहर कर रक्तपात की गुप्त ऊष्मा के द्वारा गुणात्मक परिवर्तन का मुखापेक्षी हो कर रह जाता है।

यह बात भी सच है कि प्रायः कानून अपने क्रोड़ में समाज के बहु आयामी व्यवहार को समेटे रहता है लेकिन कुछ लोगों की तुलना में समाज वास्तव में पीछे रह गया देखा जाता है। जीवन ही कानून को सार्थकता देता है। कानून के रूप में मानव समाज ने ऐसा कोई निरपेक्ष तत्व नहीं खोज लिया होता है जिसका अन्धा हो कर पालन किया जाए। कानून में परिवर्तन, संशोधन, सुधार और उसके निर्माण के लिए इसीलिए आजकल हमारी लोकतान्त्रिक समाज व्यवस्था में संसद और विधान सभाओं का चुनाव होता है।

यह लेखिका भी अपने समाज के कानून और व्यवहार से आगे बढ़ी हुई और जीवन से जुड़ी हुई एक नारी है। उस समय भारत की ब्रिटिश सरकार ने कुछ कानून नारियों के पक्ष में बनाए थे लेकिन यह नारी उस जीवट और दृष्टि को ले कर पैदा हुई थी कि यदि कानून उसके पक्ष में न बोलता तो यह कानून से भी लड़ बैठती। यह प्राचीन स्मृतियों के कानून से जो उस समय हिन्दुओं के सामाजिक व्यवहार में लागू थे, लड़ी भी है। इसकी सारी बातें तत्काल ब्रिटिश सरकार के कानून के अन्तर्गत नहीं भी आती थीं लेकिन यह जीवन से जुड़ी हुई हो कर अपनी लंबी बात कह गई है जिसे कानून हजारों साल की लंबी यात्रा में भी प्राप्त करता या प्राप्त न करता।

पूछने लायक प्रश्न है–कोई मनुष्य जिसने अपने जीवन में हजार साल आगे का ज्ञान पाया है वह अपने समय से बँध कर क्यों रह जाए? एक बुद्ध के रूप में कोई व्यक्ति समय के चंगुल से आगे निकल कर परन्तु अपने ज्ञान को व्यवहार में न ला कर उसे केवल दार्शनिकों के सिद्धान्त की चीज क्यों बनी रहने दे? समय से आगे बढ़ा हुआ मनुष्य अपनी जिजीविषा को मिटा कर क्यों रहे? वास्तव में, इस महिला ने भी समय से नाप कर अपनी लड़ाई तय नहीं की थी। इसने नारियों की स्वतंत्रता को उनके स्वतंत्र जीवन के लम्बे पैमाने से नाप कर देखा था।

3

किसी वाद के अधीन न रह कर इस नारी की लड़ाई मूल मानव की लड़ाई है। ऐसी लड़ाई को किसी शर्त में रख कर नहीं लड़ा जाता। ऐसी लड़ाई किसी वाद की मोहताज नहीं रहती। मानव की मूल स्वतंत्रता की लड़ाई के लिए किसी व्यक्ति को इतना जान लेना पर्याप्त होता है कि वह गुलाम है। खुद को गुलामी की अवस्था में पा कर जो व्यक्ति उस गुलामी से निकलने के लिए छटपटाता है, किसी महान दृष्टि के लिए वही बात मुख्य है। वह इस नारी के पास है। इसी बात को ध्यान में रख कर इस लेखिका ने एक अध्याय पिंजरे और पक्षी की समानता का 'निवेदन' शीर्षक से लिखा है। इसने अपनी तमाम हिन्दी बहनों को पिंजरे में पक्षिणियों के रूप में बन्द देखा है। यह उन्हें केवल यह अहसास दिलाना चाहती है कि वे गुलाम हैं।

आज कई औरतों को महसूस होता है कि आर्थिक स्वतंत्रता के बावजूद वे अपने घरों में पुरुषों की गुलाम हैं। वास्तव में, आर्थिक स्वतंत्रता इसलिए प्राप्त की जाया करती है कि यदि कोई किसी स्तर पर दूसरों का गुलाम है तो उसका उसे पता चल जाए। स्वतंत्रता की मौलिक लड़ाई किसी माध्यम से ज्ञात गुलामी के अहसास के बाद ही शुरू होती है। इस लेखिका को वह अहसास, अनुभव और ज्ञान के आधार पर प्राप्त हो गया है। उस ज्ञान के बाद इसने तत्काल लड़ना आरम्भ कर दिया है।

इतना ही नहीं, बल्कि इस पुस्तक में यह अपनी दूसरी हिन्दी बहनों की लड़ाई लड़ रही है। इसने औरतों की तत्कालीन आर्थिक स्थिति के बारे में लिखा है—"बाप के माल में से लड़कियों को कौड़ी भी नहीं मिलती। खाविंद की दौलत में कुछ अखत्यार नहीं। बेटे पर दावा चल ही नहीं सकता। बस, उससे ज्यादा दुनिया में कोई बेवकूफ और कम्बख्त नहीं जिसे कभी ख्वाब में अखत्यार न मिला हो और दूसरे के हवाले कर दे।" इसने दौलतमंद विधवाओं के बारे में लिखा है—"जो दौलतमंद विधवा होती हैं, बिरादरी के सब मिल के, भाई या देवर का या किसी और रिश्तेदार का लड़का गोद में बिठा देते हैं। उसके सब माल असवाव का मालिक बना देते हैं।" यही उस आर्थिक दृष्टि की हार है कि धन जबरन छीन लिया जाता है। इससे पता चलता है कि मानव की स्वतंत्रता की मूल लड़ाई कुछ और है। उस लड़ाई को बिना आर्थिक कार्यक्रमों को आगे रखे भी मनुष्य लड़ता आया है। इस पुस्तक में नारी की वही मूल लड़ाई चल रही है। लक्षणों के रूप में आर्थिक गुलामी समाज के शरीर पर बाहर फोड़े और फुन्सियाँ हैं, पर असली भीतर का रोग कैन्सर का है।

4

हिन्दुस्तान में शास्त्रों की एक बड़ी परम्परा रही है। हमारे पास एक शास्त्रीय भाषा

संस्कृत भी है। इन शास्त्रों में और इस संस्कृत भाषा में सामाजिक संगठनों के बारे में बहुत कुछ लिखा गया है।

इस देश में इन शास्त्रों और संस्कृत की परंपरा के विरोध में एक समानान्तर परंपरा भी रही है। यह इस कारण हुआ कि शास्त्रों में जो लिखा गया था वह समाज के सभी लोगों की राय ले कर नहीं लिखा गया था। विशेषकर, शास्त्र लिखते समय शूद्रों और नारियों से कोई सलाह नहीं ली गई थी। एक तरह से शूद्र और नारियों पर तरह-तरह के एक तरफा सामाजिक बंधन लगाए गए थे।

वैसे इस देश में राजसत्ता को हथियाने के लिए ब्राह्मणों और क्षत्रियों में अनेक संघर्ष हुए हैं। कभी इस दौड़ में वैश्य समुदाय भी आगे आया है। लेकिन शूद्र और नारी हमेशा उपेक्षित वर्ग बन कर रहे हैं। इससे विचारों में एक अन्तर पैदा होता है। क्षत्रिय बनाम ब्राह्मण, वैश्य बनाम ब्राह्मण तथा वैश्य बनाम क्षत्रिय का संघर्ष, द्विज बनाम द्विज का रहता है, जबकि शूद्र और नारियों का ब्राह्मणों, क्षत्रियों और वैश्यों से संघर्ष अद्विज बनाम द्विज का हो जाता है। इसलिए जब शूद्र और नारियों का समुदाय शास्त्रों पर अपनी प्रतिक्रिया जाहिर करता है वह उससे भिन्न होती है जो वैश्य और क्षत्रिय शंकालु हो कर या कभी ब्राह्मण दयालु हो कर शास्त्रों पर अपनी प्रतिक्रिया जाहिर करते हैं। जब शास्त्रों ने शूद्र और नारियों पर एक बार भी धार्मिक दया नहीं दिखाई है, कोई कारण नहीं है कि शूद्र और नारी उन शास्त्रों के प्रति तनिक भी आदर भाव प्रकट करें। यही एक फर्क है जो इस किताब के प्रत्येक पन्ने पर मिलता है। फिर, नारियों ने हर युग में अपनी प्रतिक्रियाएँ जाहिर की हैं। इस किताब से पता चलता है कि उन्नीसवीं शताब्दी का उत्तर भारत भी इस मामले में पीछे नहीं रहा है।

आज से 106 साल पहले इस हिन्दू नारी ने नारियों की समस्या पर बहुत गंभीरता से सोचा था। इस नारी की विशेषता है कि इस ने अपने युग की नारियों के बारे में गहरा और संपूर्ण अध्ययन किया है। पुरुष वर्ग के चिन्तकों ने भी नारी के हक में कई बार अपनी बात रखी है। नारियों के हक में पुरुषों की वह बात उनके चिन्तन का एक छोटा सा हिस्सा होती है। लेकिन किसी भी लोभ में इस नारी ने अपने उद्देश्य को धूमिल नहीं होने दिया। इसने नारियों की समस्याओं को पूरी समग्रता में देखा है। यह नारियों की समस्याओं के प्रति इतनी अधिक संवेदनशील है कि इस पर यह आरोप भी लगाया जा सकता है कि इसे नारियों के दुःख के सिवाय दुनिया में कुछ नहीं दीखता। केवल दृष्टिकोण का अन्तर है—इसकी इसी बात के लिए प्रशंसा भी की जा सकती है कि यह अपने उद्देश्य के सामने किसी बहकावे में नहीं आती।

यह हमारे हिन्दुस्तान की आज की बेटियों के लिए उनकी आजादी के घोषणा पत्र के समान किताब है। आज जब हमारी नारी जागरूक हो कर परिवार और समाज में अपने ऊपर होने वाले अत्याचारों के खिलाफ आवाज उठाती है तो उसकी पुकार

को पश्चिम के नारी मुक्ति आंदोलन से जोड़ कर उपहास का विषय बना दिया जाता है। पश्चिम का प्रभाव कोई गाली नहीं है, मुक्ति का रास्ता कहीं भी मिल सकता है, लेकिन यह बात खुद इस देश के सन्दर्भ की होने से अधिक महत्वपूर्ण हो जाती है। यह औरत के दर्द और विद्रोह का सुलगता हुआ दस्तावेज है। जब-जब पढ़-लिख कर उसकी समझ और संवेदना का विस्तार हुआ है तब-तब सदियों से हो रहे अन्याय के खिलाफ उसके आँसू आग बन कर घर की चारदीवारी के बाहर बरसने लगते हैं। तब वह अपने विस्तार को तलाश करने लगती है और आसमान की ऊँचाइयाँ छूना चाहती है। तब वह पुत्री, बहन और पत्नी की इमेज़ के साथ-साथ अपने भीतर के व्यक्ति को भी खोजना चाहती है। यह किताब नारी के भीतर के उसी शाश्वत व्यक्ति की खोज का हिस्सा है।

इस लेखिका ने नारी को केवल नारी माना है। इसने उसके शास्त्रों द्वारा किए गए ब्राह्मणी, क्षत्रिया, वैश्या और शूद्रा के अन्तर को स्वीकार नहीं किया। पहले इसने याज्ञवल्क्य मुनि का हवाला दिया है–"पति परदेश में चला जाए तो ब्राह्मणी को आठ वर्ष इन्तजार करना चाहिए और सन्तान न हुई तो चार वर्ष–उसके पीछे दूसरा पति कर ले। क्षत्रिया छह वर्ष, सन्तान न हो तो तीन वर्ष। वैश्या चार वर्ष, पुत्र न हो तो दो वर्ष। शूद्रा को इन्तजार की कोई हद मुकर्रर नहीं, जब चाहे दूसरा पति कर ले।" इस पर लेखिका ने अपनी टिप्पणी की है–"यह ठीक इन्साफ है, मगर ब्राह्मणी, क्षत्रिया, वैश्या, शूद्रा में जो फर्क किया है, यह नहीं होना चाहिए।"

यह संयोग की बात नहीं है कि स्त्रियों के सम्बन्ध से यह लेखिका ब्राह्मणी, क्षत्रिया, वैश्या और शूद्रा के वर्ण विभाजन को नकार गई है। यह इस सोच का अनिवार्य परिणाम है। कोई भी नारी जब इस देश के शास्त्रों का गहरा अध्ययन करेगी उसे नारियों की मुक्ति के लिए ब्राह्मणी समाज व्यवस्था के वर्ण विभाजन को तोड़ना ही पड़ेगा। इसी प्रकार जब कोई शूद्र शूद्रों के उत्थान की अपने सच्चे दिल से बात करेगा तो उसे अनिवार्य रूप से नारियों के उत्थान की बात आगे रखनी पड़ेगी। यही कारण है कि डॉ. अम्बेडकर जितने शूद्रों के मुक्ति दाता हैं उतने ही बड़े वे औरतों के मसीहा बन कर उभरे हैं। उन्होंने भारतीय समाज के सामने हिंदू कोड बिल के रूप में नारियों की मुक्ति का टेस्टामेंट बना कर रखा था। उसके पास न होने पर उन्होंने भारत सरकार के प्रथम कानून मंत्री के पद से इस्तीफा दे दिया था। नारियों के बारे में उनकी भारतीय समाज से जद्दोजहद और कुर्बानी कम सार्थक नहीं थी। देखा जाए तो नारी ब्राह्मणी वर्ण व्यवस्था को जड़ से कुरेद देती है और शूद्र नारी को पुरुषों की तुलना में समान दर्जे पर ला कर ही अपने मन का सुख पाता है।

5

पिछली शताब्दी के भारत में महापुरुषों की दो श्रेणियाँ बँट गई थीं। एक वे

लोग थे जो राजनीतिक मुक्ति को राष्ट्रीय आंदोलन का आधार बनाए हुए थे। दूसरी धारा के वे लोग थे जो देश की आजादी के लिए समाज सुधार को आवश्यक समझते थे। इनमें राजनैतिक आंदोलनों का इतिहास विस्तार से सम्मानपूर्वक लिखा जाता है लेकिन सामाजिक आंदेालनों के इतिहास को अभी तक उचित सम्मान के साथ नहीं देखा जाता। यह यहाँ तक हुआ है कि सामाजिक आंदोलन के प्रणेता राजा राममोहन राय से ले कर डा. भीमराव अम्बेडकर तक पर विदेशी एजेंट होने के आरोप लगाए गए थे। प्रस्तुत पुस्तक भी राजा राममोहन राय और डा. अम्बेडकर के बीच की परंपरा में ठहरती है।

महारानी विक्टोरिया के तत्कालीन राज्य की प्रशंसा से यह न समझ लिया जाए कि यह नारी हिन्दुस्तान में अँग्रेजों के राज्य को बनाए रखना चाहती थी। भारत में सामाजिक आन्दोलन के इतिहास पर ऐसा आरोप लगाने से पहले सौ बार सोचा जाना चाहिए। विशेषकर, इस नारी पर ऐसा आरोप लगाने से पहले इस नारी के दर्द को समझा जाना चाहिए।

यह बात सही है कि किसी समाज का सर्वांगीण विकास होना चाहिए। लेकिन डर यह होता है कि आन्दोलनों में किसी एक बात पर जोर देने से दूसरी महत्वपूर्ण बात छूट जाया करती है। यदि यह नारी राजनैतिक आन्दोलन को अधिक महत्व देती तो यह अवश्य होता कि इसके सामाजिक आन्दोलन की बात गौण बन कर रह जाती। फिर, हमें यह भी सोचना चाहिए कि यह पुस्तक किस समय में लिखी गई है। इस पुस्तक के लिखते समय तक भारत में काँग्रेस का जन्म नहीं हुआ था। इससे पता चलता है कि तब हम सारे के सारे भारतीय लोग राजनैतिक दृष्टि से कितने कमजोर थे।

यह कहा जाता है कि उस समय दयानन्द सरस्वती और स्वामी विवेकानन्द ने ऐसी चतुराई से काम किया कि वे अँग्रेजों की पकड़ में नहीं आ सके। उन्होंने धर्म के नाम पर भारतीय राजनैतिक आन्दोलन की नींव डाली थी। यह बात सच है, लेकिन यह काम इस नारी ने भी किया है। इसने आजादी के बारे में कहा है–"इस दुनिया में चाहे बादशाह की नियामत मिले और आजादी न हो, नर्क के बराबर है। आजादी में चाहे तीन दिन बाद रोटी मिले स्वर्ग से भी ज्यादा आराम है।"

'रांडों पर सितम' के बारे में बताते हुए इस लेखिका ने लिखा है–'हजारों औरतों को इसी रस्म ने दुनिया से खोया और नाम गम का हुआ। यह उन्हीं बेगुनाहों के मरने का फल तमाम हिन्दुस्तान के स्त्री-पुरुषों को मिल रहा है।" यहाँ पूछा जा सकता है कि यह नारी उस समय में किस फल की बात कर रही थी। यह वही फल है जिसे तब राजनैतिक गुलामी कहा जाता था।

इससे यह सम्भावना भी निर्मूल हो जाती है कि यह पुस्तक किसी ईसाई मिशनरी ने छद्म रूप में लिखी होगी। यह हिन्दू नारियों से हिन्दुओं के

खुद-मतलबी-धर्म को छोड़ने की बात ढोल बजा कर कहती है परन्तु कहीं भी इस्लाम या ईसाइयत को अपनाने की बात नहीं कहती। उल्टे, किसी धर्म को अपनाने की बजाय यह लिखती है—"बस, अब इस जमाने के वास्ते नया धर्म बनाओ। बस, अब तुम इस धर्म को छोड़ दो।"

उस समय भारतीयों के सम्पर्क में ईसाइयत पूरी तरह से आ चुकी थी। ऐसे समय में किसी समाज को स्वयं में सुधार लाने के लिए दूसरों से तुलना करनी पड़ती है। यह लेखिका हिन्दू औरतों की पोशाक के बारे में ईसाइयत के संदर्भ से लिखती है—"आज आधा हिन्दुस्तान अँग्रेजी कोट, पतलून, बूट पहनता है। तुमको भी चाहिए—जो तुम्हारे फायदे की चीज हो, अँग्रेजी लेडियों से सीखो। अगर वे मर्द उस पोशाक से किरानी होंगे, तुम हिन्दू भी नहीं रह सकतीं। बस, तुमको जरूर चाहिए कि ईसाई छोड़ मेहतर की पोशाक क्यों न हो जिसमें बदन ढका रहे हर वक्त पहनो।" फिर यह नारी हिन्दू और मुसलमान पुरुषों द्वारा एक औरत के जीते दस-दस शादियाँ करने को समान रूप से बुरा कहती है।

6

लेखिका का इस पुस्तक में एक निश्चित उद्देश्य है जो उसे पूरी तरह स्पष्ट है। वह इस उद्देश्य को प्राप्त करने के लिए हर तरह से सचेष्ट है। इस पुस्तक की हिन्दुस्तानी भाषा को ही लें। यह पुस्तक उस समय की भाषा में लिखी हुई है। इसकी लिपि देवनागरी है लेकिन यह फारसी लिपि में भी अवश्य छपी होगी। ऐसा अनुमान करना इसलिए उचित है क्योंकि इसके सूची पत्र के अन्त में देवनागरी और फारसी लिपि की परस्पर तुलना की गई है। फारसी का समानान्तर उच्चारण देवनागरी में ध्वनि सहित दिया गया है।

इस पुस्तक में न फारसी के लिए दुराग्रह है और न संस्कृत के प्रति विशेष मोह। इस पुस्तक के लिखने में यह लेखिका भाषाई झगड़ों से बहुत ऊपर रही है। इसे यह चिन्ता नहीं थी कि इस पुस्तक को कुछ विशिष्ट घरानों के लोगों को पढ़ना था। यह पुस्तक उत्तर भारत की उन तमाम औरतों को ध्यान में रख कर लिखी गई है जो साक्षर होती चली जाएँगी। इस पुस्तक के अर्थ समझने के लिए किसी को यह आवश्यकता नहीं है कि वह फारसी का ज्ञान रखे या संस्कृत के व्याकरण को कण्ठस्थ करे। औरतों की सीधी घरेलू बाते हैं जो विषय के अनुरूप सहज भाव से अपना असर छोड़ती चली जाती हैं। वास्तव में, इस पुस्तक को पढ़ने से यह पता चलता है कि पिछली शताब्दी में हिन्दी का सच्चा स्वरूप क्या था। यह हिन्दी उत्तर भारत में घूम कर लिखी गई थी। यह गद्य और पद्य दोनों विधाओं में लिखी गई है।

यह पुस्तक धार्मिक नहीं है। यदि साहित्य का अर्थ मनष्य और समाज का मात्र

मनोरंजन करना है तो इस पुस्तक को साहित्यिक कृति भी नहीं कहा जा सकता। सच्ची बात यह है कि इस पुस्तक का एक सामाजिक उद्देश्य है। जब कोई पुस्तक किसी अच्छे सामाजिक उद्देश्य को ध्यान में रख कर लिखी जाती है, उसकी भाषा निष्कपट और सच्ची हो जाती है। यदि किसी को मानसिक विलास से ऊपर उठना है और रचना को मनुष्य की समस्याओं से जोड़ना है, तो उसे भाषा के मामले में कई प्रकार की जिद छोड़नी पड़ सकती है। इस पुस्तक की भाषा के बारे में ऐसा ही हुआ है।

इस पुस्तक में हिन्दी के लिए संस्कृत, फारसी और अँग्रेजी की व्यावहारिक शब्दावली का अन्तर नहीं रखा गया है। हिन्दी से बाहर इन भाषाओं की शब्दावलियों में कितना भी अन्तर होता हो हिन्दी में आ कर वह मिट जाता है। फिर, इस पुस्तक में इन तीनों भाषाओं की शब्दावलियों को आत्मसात करने का हिन्दी का अपना एक समान तरीका है। यह तरीका हिन्दी में इनके उच्चारण का है।

हिन्दी अन्य भाषाओं से शब्द लेते समय उन्हें अपने उच्चारण की कसौटी पर कसती है। हिन्दी उनकी लिपि पर नहीं जाती। उच्चारण के बाद ही हिन्दी में उनकी वर्तनी तय की जाती है। इस पुस्तक में सर्वत्र ऐसा ही किया गया है। इसी कारण हिन्दी में संस्कृत, फारसी और अँग्रेजी की शब्दावलियों के तत्सम रूप मिट जाते हैं। वे शब्द हिन्दी में तद्भव बन जाते हैं।

इस पुस्तक के द्वारा यह जाना जा सकता है कि सन् 1882 में पंजाब के लुधियाने का एक गौड़ ब्राह्मण फारसी, संस्कृत और अँग्रेजी के शब्दों को देव नागरी की हस्तलिपि में किस प्रकार लिखता था। इसकी शब्दावली से देखा जा सकता है कि उस समय हिन्दी ने अन्य भाषाओं के शब्दों की वर्तनी को अपने लिए कितनी सरल बना रखा था। इसमें यह बात भी सच है कि किसी भी पुस्तक में मुद्रण की अशुद्धियाँ रह जाया करती हैं। यह पुस्तक इसका अपवाद नहीं है। मैंने देखा है कि इस पुस्तक में ऐसी अशुद्धियाँ कुछ अधिक ही हैं। फिर, एक शब्द की कई-कई वर्तनियाँ भी दी गई हैं।

मैंने जान-बूझ कर इस पुस्तक को आधुनिक विराम चिह्न दिए हैं। अँग्रेजी से प्रभावित इस पंक्चुएशन से निश्चित रूप से इस पुस्तक को समझने में सहायता मिलेगी। मैंने इसकी वर्तनी भी ज्यादातर आधुनिक रखी है जबकि मुझे मालूम है कि इस आधुनिक वर्तनी से इस पुस्तक में व्याप्त हिन्दी की ठेठ देशी गन्ध कुछ हद तक जाती रही है।

यह आधुनिक हिन्दी की मजबूरी है कि आज अन्य भाषाओं के सभी शब्दों को तत्सम लिखा जा रहा है। यह सच है कि अधिकांश हिन्दी भाषी उन शब्दों को उच्चारण में आज भी तद्भव ही बोलते हैं, लेकिन संस्कृत, फारसी और अँग्रेजी के पक्षधरों के कारण आज हिन्दी की वर्तनी और हिन्दी के उच्चारण में बहुत अन्तर आ

गया है। मुझे पता नहीं कि 'गर्दन' शब्द का उच्चारण हिन्दी भाषियों में से कौन है जो 'गरदन' नहीं करेगा। हम में से कोई भी 'सर्कस' को अपने ढंग से 'सरकस' ही बोलता है। हिन्दी भाषियों द्वारा लिखा जाने वाला 'तत्पर' शब्द में 'ततपर' बोला जाता है।

इस पुस्तक के अन्त में एक परिशिष्ट बना कर दिया जा रहा है।[1] यह इस पुस्तक की शब्दावली का है। इसमें शब्दावली से अधिक इसकी वर्तनी का महत्व है। वास्तव में इस पुस्तक के सम्पादन में मेरा दोहरा उद्देश्य रहा है। मैंने यह चाहा है कि हिन्दी के आधुनिक पाठकों को यह पुस्तक पढ़ने में बोधगम्य रहे। इसके लिए मैंने शब्दों की पुरानी वर्तनी को बदल कर लिखा है। मैंने यह भी चाहा है कि सम्पादन में इस पुस्तक की अपनी गंध न जाती रहे। इन दोनों बातों को ध्यान में रख कर मैंने वाक्य की रचना और लेखिका द्वारा अपनाए गए लिंग विधान को बिल्कुल नहीं छेड़ा। मैंने कुछ शब्दों की स्पेलिंग ही आधुनिक बना कर रखी हैं।

वर्तनी की बात केवल लिपिकार की है। हम जानते हैं कि इस पुस्तक की लिपिकार स्वयं इसकी लेखिका नहीं है। मूल पुस्तक के अन्त में लिखा गया है कि इसकी हस्तलिपि लुधियाने के किन्हीं ऋषिराम नाम के गौड़ ब्राह्मण ने तैयार की थी। शायद मूल पुस्तक फारसी लिपि में लिखी गई होगी। इसलिए इस पुस्तक को अच्छी या गलत देवनागरी लिपि में लिखने के जिम्मेदार ऋषिराम हैं। यहाँ यह भी ध्यान रहे कि लिप्यन्तरण में पहली लिपि का कुछ असर बाद की लिपि में आ जाता है।

लिपि, वर्तनी और विराम चिह्न के सम्बन्ध से इस पुस्तक में अनेक कमियाँ देखी जा सकती हैं। इसमें मेरा केवल यह कहना है कि इन तीनों बातों का सम्बन्ध लिपिकार ऋषिराम से है। लेखिका का सम्बन्ध वाक्य की रचना से है। इसे पढ़ने से पाठक यह अवश्य मानेंगे कि वाक्य रचना की दृष्टि से यह पुस्तक उन्नीसवीं शताब्दी की हिन्दी की एक प्रौढ़ रचना है। यह भारतेन्दु हरिश्चन्द्र के बिल्कुल समकालीन गद्य और पद्य का एक महत्वपूर्ण सामाजिक ग्रन्थ है।

7

इस लेखिका का भाषा का यह चुनाव ही इस पुस्तक को अन्य पुस्तकों से अलग कर देता है। वास्तव में, इस पुस्तक के सामने एक महान मिशन है। मिशन से जुड़ी हुई बात इस कारण भी सिद्ध होती है कि इसकी तीन सौ प्रतियाँ छापी गई थीं और वे पाठकों में मुफ्त बाँटी गई थीं।

वास्तव में, यह पुस्तक भारत में नारी जागरण का एक महान ग्रन्थ है। इसे पढ़ कर लोगों को महसूस होगा कि भारत के सन्दर्भ में इस विषय पर इतनी पुरानी

1. इस संस्करण में नहीं दिया जा रहा है।

पुस्तक मिलना नारी अधिकार के लिए एक त्यौहार की सी बात है। पिछली शताब्दी ने हमारे सामाजिक जीवन में एक उथल-पुथल मचानी आरम्भ कर दी थी। इस पुस्तक में मचाई गई वह पुकार अभी तक जारी है। अभी भी हमारा पुरुष समाज नारियों के अधिकार का बहुत कुछ छीने पड़ा है। हमारे गाँवों में और शहरों में आज एक सौ छह वर्ष पुरानी हो कर भी यह पुस्तक आधुनिक समाज पर ज्यों की त्यों लागू होती है। यह पुस्तक सन् 1882 में लिखी जा कर भी सन् 1988 में एकदम सामयिक है। यह भारतीय समाज में नारी जागरण के पुनीत काम में हमारे आधुनिक संविधान की और सरकार की बहुत सहायता करती है।

इस किताब को पढ़ने से यह भी पता चलता है कि हमारे किसी भी संस्कार या हमारी किसी भी धार्मिक बात को धन से नहीं जोड़ा जाना चाहिए। यदि कोई संस्कार शुद्ध सामाजिक रूप में पूर्ण कराया जाता है, उसमें अधिक बुराई नहीं होती। गलत होने पर या समय के बदलने पर वह संस्कार बदला या तोड़ा जा सकता है। लेकिन, यदि उस संस्कार से पुरोहित, पुजारी, ज्योतिषी, पंडित, नाई, धोबी या मेहतर में से किसी की रोजी-रोटी जुड़ती है, तो उसके गलत सिद्ध हो जाने पर भी इन वर्गों के लोग उसे छोड़ने नहीं देते। निश्चित रूप से संस्कारों से वर्ग हितों के ऐसे जुड़ाव बुराई के मूल कारण होते हैं।

—धर्मवीर

4 सितम्बर, 1988

रूप कुँअर दहन दिवस

सूची पत्र

विशेष पृष्ठ

सीमन्तनी उपदेश

यह किताब एक हिन्दु औरत की तसनीफ़ है

तबा कराई मुन्शी कन्हैया लाल साहिब अलख धारी ने औरतों के वास्ते बेहितर समझ के

तीन सौ कापी मतबअ धर्म सहायक प्रेस मु-न्शी माधो स्वरूप में बमक़ाम लोदियाने तबा हुई

लागत क़ीमत कुछ हो मुसतहक़ को मु-फ़्त मिले गी तहरीर बतारीक १ फरवरी सन १८८२

क. मूल पुस्तक के पहले पृष्ठ की फोटोप्रति

सीमन्तनी उपदेश ० (५) ३ आर्यस्त्रीयों की प्रार्थना

हे जगत पिता क्या तूने हमको पैदा नहीं किया
क्या हमारा पैदा करने वाला कोई और खुदा है लो-
गों ने तेरा नाम मरद करार दिया इस लियें तूभी हिन्दी
यों की तरह बे रहम बन गया है अगर तुझको हमारी
यही हालत मनजूर थी तो हमारी पैदायस किसी
और तरह से करता जिससे हमको भी तसल्ली होती
और मज़लूमों की फ़रियाद तो दुनियां की अदालत
में भी सुनी जाती है क्या तूने हम मज़लूमों के लश-
कर को देख कर अपनी अदालत का दरवाज़ा बं-
द कर लिया है-

हे परमात्मा अपने दया सिंधु नाम का ख्याल कर के
हम पर दया कर क्या तेरी दयाका समुद्र हमारे जले
दिलकी आहों से सूख गया है या हिन्दीयों की ज़ु-
ल्म की आग से जले दिल को जिस अमृत से तू ठंडा
करता है क्या वहां भी हमारा हिस्सा हिन्दीयों ने चु-
रा लिया है-

हे करुणा मय पिता निकालो हमको हम जहालत
के अंधेरे कूवे में ज़ालमों के हाथसे गिरी अनाथ की
मानिंद पुकार रही हैं हे प्रभू हमारी इस फ़रियादको
भी सुनके बजाए निकाल ने के और गहरे में डुबोदे-
ते हैं अब हम में इस क़दर सख्ति या उठाने की ता-
क़त नहीं है हम मेंसे कईयों ने इसी ज़ुल्म से बचने
को अपनी आत्मा का घात किया है और कर रही हैं-

हे जगत नाथ तुझसे यही प्रार्थना है कि हिन्दुस्तान
सेज़हालत का परदा उठाले जिससे यह भी इन्सान के।

ख. मूल पुस्तक के पाँचवें पृष्ठ की फोटोप्रति

सीमन्तनी उपदेश

नम्बर 1

स्तुति

इस दुनिया में दो दिन गुजारा है अब;
नहीं यहाँ किसी का इजारा है अब।

तेरे तक अक्ल को रसाई नहीं;
इसी जापे इन्सान हारा है अब।

जो दुनिया में आवें तेरी याद में;
जो दुनिया से जावें तेरी याद में।

न निकले जबाँ से कोई और बात;
हरेक हर्फ निकले तेरी याद में।

न भूले से आवे किसीं का खयाल;
जो हो दिल की ख्वाहिश तेरी याद में।

न भूलूँ कभी तुझको दुनिया में मैं;
हरेक दम जो गुजरे तेरी याद में।

न हरगिज हो मुझसे कोई फैल-बद;
हों सब काम मेरे तेरी याद में।

अब है दिल की यह आरजू ऐ खुदा!
मेरी जान जावे तेरी याद में।

नम्बर 2

खुदा से मेरी फरियाद

दुनिया में हम दुःखी हैं हमारी खबर तू ले!
दुःख दर्द से छुटा हमें एक बार खबर ले।

दुनिया में कोई हमदम न हमको पड़ा नजर;
तेरे सिवा कोई नहीं दिलदार खबर ले।

तुझ बिन कोई नहीं है दुनिया में मददगार;
ऐ जाने जहाँ हमदम व गमख्वार खबर ले।

अब दर पै तेरे आ पड़े दुनिया को छोड़ हम;
तेरे सिवा कोई नहीं दरबार खबर ले।

अब सहते-सहते जुल्म के हालत हुई है यह;
जुबाँ में नहीं ताकते गुफतार खबर ले।

'तिरिया चरित्र' सुनके शोला भड़क उठा;
इस बात से हूँ बहुत शर्मसार खबर ले।

इस कैद में हम जिन्दगी काटेंगी कब तलक;
रहबर कोई नहीं ऐ रब, तू खबर ले।

मक्र-ओ-फरेब मर्दों ने सताया हमें बहुत;
तू बन के दुश्मनों का खूँखार खबर ले।

हालत है दर्दनाक जरा गौर से सुनो;
बरस हो चुके इस हालत में दस हजार खबर ले।

नम्बर 3

आर्य स्त्रियों की प्रार्थना

हे परमेश्वर, हमारी फरियाद को सुन। हम मजलूमों की फरियाद पर किसी ने ध्यान नहीं किया। हमने इस हिन्दुस्तान में चारों तरफ पुकार-पुकार और रो-रो के हरेक के सामने फरियाद की, लेकिन किसी ने हमारे बावैले पर कान न धरे, न पलक उठा के देखा। हमने खूब गौर से इस दुनिया में देख लिया, मगर सिवा तेरे हमारी बेकसी, बेबसी, बेकद्री, बेइज्जती की फरियाद को सुनने वाला कोई नजर न आया। तू गौर से हमारी फरियाद को सुन। मुद्दत से हिन्दियों के दिमाग में जहालत की अँधेरी चल रही है। उससे जुल्म की गर्द उड़-उड़ कर हमारे ऊपर पड़ती है। जैसे कोई मकान बहुत देर तक गर्द पड़ने से दब जाता है उसी माफिक हमारी हालत है। हम निकलने की ताकत नहीं रखती हैं। जैसे गन्ने का रस निकाल लेने से छिलका रह जाता है वैसे ही हमारी हालत है।

हे अंतर्यामी परमेश्वर, हमारे अपराधों को क्षमा कर क्योंकि हम बगैर जाने अपराध के अपराध करती हैं। अब क्षमा कर के हमें भी वह ताकत दे जिससे हम इस जहालत और जुल्म की तारीकी से निकल के दुनिया का कुछ तमाशा देखें।

हे पिता, हमें कब इस जेलखाने से निकाल के आजाद करेगा? हे प्रभु, हमको कौन से अपराध के दण्ड में इस बन्दीखाने में पैदा किया है? तेरे दरबार में हमेशा इन्साफ ही होता है लेकिन इन जन्म-दुखियों के वास्ते कैसी बेइन्साफी है– अपराध कोई करे, दण्ड हमें मिले। काश कि हमसे गुनाह भी हुआ हो तो भी माफ कर दे। हम नहीं जानती हैं कि गुनाह या अपराध किसको कहते हैं। बस, इसका दण्ड भी उन्हीं को मिलना चाहिए जो हमें गुनाहों या अपराधों से आगाह नहीं करते हैं। हे अंतर्यामी, हमारा भी नाम उसी फेहरिस्त में लिख ले जिसमें पागल, शराबी, बच्चे और हैवान, बेवकूफ, जाहिल लिखे हैं। जैसे इनके गुनाह अपराध में नहीं वैसे ही हमारे ख्याल करने चाहिए।

हमसे वह अच्छे हैं जो इस दुनिया में जन्मभर को कैद किए जाते हैं क्योंकि

उन्होंने पहली उम्र में तो दुनिया को देख लिया है। हम तो एक दिन, बल्कि ख्वाब में भी यह ख्याल नहीं कर सकतीं। जो चीज देखी ही नहीं उसका ख्याल भी नहीं हो सकता। बस, हम नहीं जानतीं कि दुनिया क्या चीज है, जहान किसको कहते हैं, और उसमें क्या-क्या चीजें हैं, और उसकी कैसी शक्ल है। जब हम कारण को नहीं देख सकतीं तब कर्त्ता का ख्याल क्यों कर हो सकता है? ख्वाँदा लोग तेरी सनअत को देख के तुझे कुछ पहचानते हैं; हम जहालत की तारीकी में फँसे हैं, तुझे क्यों कर पहचानें? बस, हम नहीं जानतीं कि खुदा तू ही है, या कोई और है, और तेरी कैसी शक्ल है, कहाँ रहता है। इन्हीं हिन्दियों की जबानी सुना है कि परमेश्वर मजलूमों की दस्तगीरी करता है। अगर्चे, तू सब ही की खबरगीरी करता है। मगर जिसका इस दुनिया में कोई नहीं उसकी रक्षा तू ही करता है। बस, अब हमारा इस दुनिया में कोई नहीं। हमारी भी तू रक्षा कर कि हम सिवाय चार दीवारी मकान के और कुछ नहीं देखतीं, और हम चाहे इसी को तमाम दुनिया ख्याल करें, चाहे इसी को हिन्दुस्तान समझें। इसी जेलखाने में पैदा हुई हैं और इसी में मर जाएँगी।

हे जगत पिता, क्या तूने हमको पैदा नहीं किया? क्या हमारा पैदा करने वाला कोई और खुदा है? लोगों ने तेरा नाम मर्द करार दिया, इसलिए तू भी हिन्दियों की तरह बेरहम बन गया है। अगर तुझको हमारी यही हालत मंजूर थी तो हमारी पैदायश किसी और तरह से करता जिससे हमको भी तसल्ली होती। और मजलूमों की फरियाद तो दुनिया की अदालत में भी सुनी जाती है, क्या तूने हम मजलूमों के लश्कर को देख कर अपनी अदालत का दरवाजा बन्द कर लिया है?

हे परमात्मा, अपने दया सिंधु नाम का ख्याल कर के हम पर दया कर। क्या तेरी दया का समुद्र हमारे जले दिल की आहों से सूख गया है? या हिन्दियों की जुल्म की आग से जले दिल को जिस अमृत से तू ठंडा करता है, क्या वहाँ भी हमारा हिस्सा हिन्दियों ने चुरा लिया है?

हे करुणामय पिता, निकालो हमको। हम जहालत के अँधेरे कुएँ में जालिमों के हाथ से गिरी अनाथ की मानिंद पुकार रही हैं। हे प्रभु, हमारी इस फरियाद को भी सुन के बजाय निकालने के और गहरे में डुबो देते हैं। अब हम में इस कद्र सख्तियाँ उठाने की ताकत नहीं है। हम में से कइयों ने इसी जुल्म से बचने को अपनी आत्मा का घात किया है और कर रही हैं।

हे जगत नाथ, तुझसे यही प्रार्थना है कि हिन्दुस्तान से जहालत का पर्दा उठा ले जिससे यह भी इन्सान को इन्सान की नजर से देखें और अपनी जिन्स से नेक सलूक करें जिससे हमारी जिन्दगी, व्यर्थ न जावे, हम भी कोई दिन आराम से गुजारें।

अब हमें इस दुनिया में सिवा तेरे किसी से उम्मीद नहीं जो इस विपत सागर से हमें पार उतारे। अब हम तुझसे बार-बार यही प्रार्थना करती हैं कि इस अविद्या के घोर सागर से निकाल ले।

नम्बर 4

शुक्र

जो परमात्मा सबका पालन-पोषण करने वाला है और उस अपार प्रभु की कृपा का किसी ने अंत नहीं पाया, हमारी इतनी बुद्धि नहीं जो उसकी असंख्य दया का धन्यवाद करें। रात-दिन दुष्टों, महात्माओं और पशुओं पर एक सम दया प्रकाश करने वाले ऐसे परम पिता के चरणों में हमारा बार-बार धन्यवाद हो। जब जब दुष्ट बहुत हुवे तब-तब उसने लोगों के दिलों में विद्या का प्रकाश कर अपनी सृष्टि की रक्षा की और बहुत ऋषि, मुनि, महात्माओं के द्वारा लोगों में सत्य का उपदेश किया। वैसे ही अब भी अपने प्यारे हिन्दुस्तान को जहालत के घोर समुद्र में डूबा जान, विद्या का प्रकाश करने को बहुत ऋषि-मुनियों को भेजा है। हजार शुक्र कि उनके उपदेश द्वारा चौथाई हिन्दुस्तान अंधकार की गुफा से निकल कर रोशन घर में बैठा है और उम्मीद है कि कोई दिन को विद्या के प्रभाव से तमाम हिन्दुस्तान सूर्य की तरह रोशन हो जाएगा। परन्तु थोड़े हैं ऐसे पुरुष जिन्होंने इन जन्म दुखियों पर आँख उठा के भी देखा हो। तमाम हिन्दुस्तान में तलाश करने से शायद सौ पचास ही निकलेंगे जो स्त्रियों को भी इन्सान जानते हैं।

यह पुराना धर्म है और आम कायदा भी है कि जो किसी समाज को सत्य उपदेश करता है या उनकी तरफदारी या किसी की रक्षा या जिसको किसी से कुछ नफा पहुँचता है या जो अपने चेलों के खुश करने को सत्य को जान कर भी झूठा उपदेश करता है लोग उसे औतार मानते हैं। जैसे ब्रह्म समाज में राजा राममोहन राय को माना—परशुराम को ब्राह्मणों ने—ब्राह्मणों को हिन्दुस्तानियों ने—ईसा को अँग्रेजों ने—मोहम्मद को मुसलमानों ने। जैसे इन्होंने अपने फरीक की निजात की कोशिश की थी वैसे ही आजकल बहुत दानिशमंद तरदुद्द करते हैं कि जो मसतूरात नाकरदा गुनाह काले पानी की सजा के बराबर हुई हैं उनकी रिहाई करें।

तमाम हिन्दुस्तान की स्त्रियों को चाहिए कि उनका शुक्र अदा किया करें बल्कि उनको बराए-खुद औतार माने जिनका मैं नाम लिखती हूँ। इनको परमेश्वर

ने हमारे उद्धार को औतार के तुल्य बनाया है :

1. मुन्शी कन्हैया लाल अलखधारी जिसका एक लफ्ज भी इन्साफ से खाली नहीं। बहुत किताबें और रिसाले लिखे। कोई किताब ऐसी नहीं जिसमें इन कैदनों की रिहाई की दलील नहीं।
2. पंडित शिव नारायण अग्निहोत्री एडिटर 'बरादर हिंद' जिसका रिसाला इसी कोशिश में निकलता है। हरेक फिकरा इस रिसाले का औरतों की तालीम रागिब करता है।
3. राय नोवीन चंद जी जिनकी कोशिश से बहुत औरतों ने कुछ विद्या का नाम जाना है और बहुत किताबें हैं जो इन्होंने स्त्रियों के ही लिए लिखीं हैं।
4. स्वामी दयानन्द सरस्वती जिनके उपदेश से तमाम हिन्दुस्तान में विद्या का चर्चा हो रहा है। हर जगह आर्य समाज कायम हुई है और हमको उम्मीद है कि किसी दिन हमारे मुकदमे भी इन्साफ करेंगे।

इन लोगों ने बहुत तरह से साबित किया है कि औरतों को भी इन्सान समझना चाहिए। इनको हैवानियत के रुतबे से निकाल इन्सानियत का खिताब देना चाहिए। हरचंद इन्होंने वकालत का ढोल इन्साफ की लकड़ी से इनके कानों पर खूब पीटा। जैसे पत्थर में आवाज असर नहीं करती वैसे हिन्दियों के दिमाग में कौमी हमदर्दी ने जरा भी असर न किया। जैसे किसी जमाने में ब्रह्मा के वर से कुम्भकरण छह महीने सोता और एक दिन जागता था वैसे ही हिन्दुस्तानी ब्राह्मणों के उपदेश से जन्म से ले कर मरण तक इसी गफलत की नींद में हमारी तरफ से सोए पड़े हैं। इन लोगों के बहुत बावैला करने से जरा कुलबुला उठते हैं। फिर उसी गफलत की नींद में सो जाते हैं। अगर कहो कि हिन्दुस्तानियों ने विद्या में बहुत तरक्की की है और बहुत इल्म हासिल किया है, बेशक माना। फिर हमें क्या, एक के खाना खाने से दूसरे का पेट नहीं भरता है। हमारी तरफ से तो वही हालत है जो हजार बरस पेश्तर थी।

नम्बर 5

निवेदन

जो आदमी जेलखाने में पैदा हुआ हो, या जिसका बाप-दादा उसी में कदीम से रहता हो, वह उसी जेलखाने को बहिस्त समझता है। अगर कोई उससे कहे कि यह जेलखाना है, या उसकी बुराइयां दिखावे तो वह यह जवाब देता है–"हमारे बाप-दादा इसी में रहते आए हैं, क्या उन्हें अक्ल न थी? हम कभी इसको न छोड़ेंगे।" ऐसों के सामने जब इस जेलखाने की बुराई की जावे वे कब सुनते हैं? सच है, जो बच्चा कफस में ही पैदा हो वह जंगल की सरसब्ज ताजा हवा की खूबियाँ क्या जाने? बेशक पहले जंगल की हवा उसे बुरी मालूम होगी मगर जब वह इस हवा में आजाद फिरने को उस पिंजरे में बन्द रहने से निस्वत देता है, तब कहता है–"अहा, मैं पहले किस मुसीबत में था, अब मैं कैसे आराम में हूँ!" फिर वह जब किसी अपने भाई को पिंजरे में बन्द देखता है तब बड़ा अफसोस करता है। बेशक, पहले हमारी हिन्दी बहनों को बुरा मालूम होगा मगर जरा गौर को दिल में जगा देंगी तब खुद मालूम कर लेंगी कि हम पर किस कद्र मुसीबत है और हम पर कितना जुल्म किया जाता है। हम कैसे बेजान की माफिक सहारती हैं। हम कब से इस जेलखाने में बन्द की गई हैं। अब हमको खुद इस जेलखाने से निकलने की तदवीर करनी चाहिए। बस, मैं तमाम अपनी हिंदनी बहनों से दरखास्त अर्ज करती हूँ कि कोई लफ्ज आपकी दिल सख्ती का मेरी जबान से निकल जावे तो माफ करें।

नम्बर 6

हिन्दी औरतों की हालत

ऐ हिन्द की निसवान उठो खूब सो चुकीं,
दुनिया में इज्जत आबरू थी सब तो खो चुकीं।

अक्ल और तुम्हारी ताकत जाया हुईं तमाम,
दुनिया में जो ना होना था वह सब तो हो चुकीं।

शक्ल और तुम्हारी वज़अ बिगड़ी है यहाँ तलक,
तुम हबशनों के नाम से मशहूर हो चुकीं।

खुदगर्ज रयाकारों ने क्या-क्या धरे हैं नाम!
दुनिया में बेवकूफ और बेअक्ल हो चुकीं!

इज्जत तुम्हारी खाक में मिली है यहाँ तलक,
तुम हिन्दियों के पाँवों की पैजार हो चुकीं!

हमदर्दियाँ तुम्हारी हरगिज नहीं इन्हें,
इन दुश्मनों की जान को तुम खूब रो चुकीं।

जुल्म ओ जफा से इनके तुमको नहीं खबर,
शहवत परस्त नाम से भी ख्वार हो चुकीं।

अब खोल आँखें अपनी दुनिया को देखो तुम,
लाखों तुम्हारी हजों में पुस्तक हैं छप चुकीं।

नम्बर 7

जेवर का शौक

जेवर की बराबर स्त्रियों को दुनिया में कोई चीज प्यारी नहीं। बाप, भाई, खाविंद, लड़का—किसी का इतना मोह नहीं जितना जेवर का है। अक्सर छोटी उम्र में लड़कियाँ जेवर के न मयस्सर होने से पत्ते-घास का जेवर बना कर पहना करती हैं और हमेशा माँ-बाप से जेवर ही की फरमाइश किया करती हैं। लिखना-पढ़ना तो लड़कियों को रिवाज ही नहीं, न कोई और काम सिखाया जाता है। बस रात-दिन जेवर के फिक्र में रहती हैं—कब हमारी शादी हो जो जेवर पहनने को मिले। जब शादी होती है अगर उनकी खातिरख्वाह जेवर मिला तो खैर, नहीं हमेशा ससुराल वालों से नाराज रहती हैं। जेवर का भी कुछ शुमार नहीं—जितना मिले उसको थोड़ा ही जानती हैं। जैसे हिन्दुस्तानी कभी बदफैलों से तृप्त नहीं होते वैसे ही यह कभी जेवर से तृप्त नहीं होती। बस, हर वक्त खाविंद को यह ताने दिया करती हैं—क्या तुमने मुझे नौ लाख का हार पहना दिया है? बड़ी से बड़ी लड़ाई पहले पहल औरत खाविंद में यहाँ से शुरू होती है और कई औरतों ने इसी जेवर के पीछे अपने खाविंदों को मार दिया है। एक मिसाल औरतों में मशहूर है जिससे इनके जेवर का शौक जाहिर होता है।

एक हिन्दी ने अपने बेटे की बहू से सिल उठाने को कहा। बहू ने भारी सिल देख कर उठाने से इन्कार किया। ससुर ने उसी सिल को सोने में मढ़ा कर तागे में पिरो कर बहू से कहा—यह सोने की चौकी तुम्हारे लिए बनवाई है। बहू ने बड़ी खुशी से पहन ली और जरा भी बोझ न मालूम हुआ। और जेवर भी अक्सर इन्हीं के नाम से मशहूर है। औरतों का वक्त इसी में खर्च होता है। विवाह-शादियों में जहाँ दो-चार बैठती हैं वहाँ यहीं सुनने में आता है—हमारे पास यह नहीं, हमारे पास वह नहीं। औरतें खूब जेवर पहन-पहन के जाती हैं। जिनको माँगा भी नहीं मिलता वे पीतल,

काँसा, राँग का पहनती हैं। और जिनको यह भी नहीं मिलता वे कहीं जाती ही नहीं। बहुत जेवर वाली आगे बैठती हैं और उनकी इज्जत भी बहुत की जाती है। उससे कम उनके पीछे। इनसे भी कम इनके पीछे। जिन पर बहुत ही थोड़ा होता है वे सबके पीछे कौने में बैठती हैं।

(क) पहले दर्जे की अमीर अशराफ औरतों की बातचीत

सवाल : अजी, आपकी नथ की जंजीर बहुत अच्छी बनी है।

जवाब : हाँ, मैंने बड़ी मुश्किल से बनवाई है।

सवाल : तुम्हारे सिर की बंदी बहुत खूबसूरत है। कहाँ की बनी है? हम भी ऐसी बनवाएँगे।

जवाब : यह यों ही नहीं बनी है। इसके पीछे तो मैंने चार दिन तक खाना नहीं खाया। तब बन के आई।

सवाल : अजी, आपका हार तो बहुत ही उम्दा है।

जवाब : यह हार तो बड़ी तकलीफों से बना है। इसके पीछे कई दफा मार खाई। मारे मार के तीन महीने तक बीमार रही। तब इस हार की सूरत देखी।

सवाल : तुम्हारे कर्णफूल बहुत ही अच्छे बने हैं और ठोस भी खूब ही बने हैं। शायद किसी विलायती बोतल के डाट का नमूना होगा।

जवाब : वाह जी, यह तो बड़े दुःखों से मयस्सर हुए हैं। इनके पीछे मेरे खाविंद ने सैकड़ों बुरी-भली कहीं पर मैंने बनवा लेने के बाद ही चैन लेने दिया।

सवाल : तुम्हारे पाँवों की संकल क्या ही खूबसूरत है! यह कहाँ से बनवाई है?

जवाब : मेरा खाविंद कमसिरियट का गुमाश्ता है। किसी हाथी के पाँव की संकल का नमूना दिया था।

सवाल : अजी, आपके हाथों के कड़े बहुत उम्दा बने हैं।

जवाब : हाँ, मेरा खाविंद जेलखाने का दारोगा है। किसी कैदी के हाथ की हथकड़ी का नमूना दे कर बनवाए हैं।

(ख) दूसरे दर्जे वालियों की बातचीत

सवाल : यह नथ के कलसे तुमने कब बनवाए? आगे तो तुम्हारे पास न थे।

जवाब : बहन, क्या बताऊँ, इनके पीछे तो मैंने कितनी मार खाई, पर मैंने बनवा के कल लेने दी।

सवाल : यह धुकधुकी कब बनी?

जवाब : इसका हाल कुछ न पूछो। डेढ़ महीना हुआ घर में लड़ाई पड़े और अब तक बोलचाल नहीं। तीन दिन से मैंने रोटी न खाई और उनके पास खर्च

न था। लाचार हो पच्चीस रुपये कर्ज लाए। तब यह धुकधुकी बनी है।

सवाल : यह बाजरे की घड़त के छल्ले कहाँ से मारे?

जवाब : वह छल्ले तो बड़े छल-बल से बने हैं। घर का खर्च तो तुम जानती ही हो कभी कौड़ी नहीं बचती। बल्कि हर महीनें में दो-चार का कर्जा ही रहता है। बस मैंने एक महीना तंगी कर घी न आने दिया। उन घी के रुपयों के यह छल्ले बनवाए।

(ग) तीसरे दर्जे वालियों की बातचीत

सवाल : हे जी, तुम्हारे ससुराल वालों ने कुछ गहना नहीं बनाया? शायद तुम्हारा खाविंद भी तुम्हें कुछ प्यार नहीं करता। तुम्हारा खाविंद बड़ा ही नालायक है। क्या इनको दस-बीस रुपये कर्ज भी नहीं मिलते? चाहे बीबी, कपड़ा न हो, पर हाथ-कान का ढकना तो बहू-बेटी को जरूर ही चाहिए। खाली कान तो बहुत ही बुरे लगते हैं। चार पैसे की पीतल की बालियाँ ही मँगवा लो। रीते गले तो पानी पीना भी धर्म नहीं। काला-पीला डोरा ही गले में बाँध लो।

जवाब : (नीचा मुँह करके, आँखों मे आँसू भरके, एक आह खींच कर,
राम राम, हमने दुनिया में आ कर क्या देखा है? देखो, न तो ताता खाया न राता पहना। हमें तो परमेश्वर ने दुःख ही भोगने को पैदा किया है। और जब से इन कम्बख्तों के घर में विवाहे गए कभी गहने-कपड़े में आग लगती न देखी। मैंने कई दफा कहा कि एक दिन घर का खर्च बन्द करो मुझे चार पैसे की बालियाँ मँगा दे। भला कहाँ इतना सब्र? सुनते ही मुझे टका-सा जवाब दिया कि गहने-कपड़े बिना आदमी जी सकता है रोटी बिना नहीं ज़ी सकता। इसी बात पर मैं कितनी रोई, और कई दिन तक रोटी न खाई और अब तक मेरा मन किसी से बात करने को नहीं चाहता। हमारी इतनी किस्मत कहाँ जो गहने का मुँह देखें! हम तो जलते आए और जलते ही चली जाएँगी। ऐसी ही किसी दिन दम निकल जाएगा। हमारे नसीबों में गहना कहाँ! मैं जब कभी विवाह-शादियों में भी गई हमेशा गहने का ही जिक्र सुना।

(घ) अब जेवर का हाल सुनिए

सिर पर कई तरह के जेवर पहने जाते हैं। जेवर दो तरह का होता है—एक खास वह जो अमीर-गरीब औरत कोई इससे खाली नहीं रहती है, मसलन नथ, बिछुवा, काँच की चूड़ी। दूसरा आम जेवर जो खास रुपये वाली ही पहनती हैं मगर ख्वाहिश

इसकी सबको रहती है।

हिन्दुस्तान की कोई औरत न होगी जिसकी जेवर की हसरत में जान न जाती होगी। चाहे तमाम दुनिया का जेवर मिले इनको इसकी हवस पूरी नहीं होती।

(ङ) पहले आम जेवर का जिक्र जो ख्वामख्वाह मजहब के तौर पर बनता है

पंजाब में एक चौक जो सिर में मानिंद खूँटे के गाड़ा जाता है। इसके साथ एक परांदा अर्थात डोरी–एक मोटे रेशम की रस्सी जो पाँवों की एड़ी तक लटकाई जाती है वह सुहाग की निशानी है। कोई औरत जिसका खाविंद जीता हो इसके बगैर नहीं रहती। मैंने कभी नहीं देखा, इससे किसी औरत को आराम मिलता हो, बल्कि मारे बोझ के गर्दन पीछे को लटकती रहती है, रात को सोने में बड़ी तकलीफ रहती है। मगर यह कभी जुदा नहीं करती।

अब मैं आपसे पूछती हूँ कि तुम्हारे वास्ते तुम्हारे खाविंद कौन सी निशानी रखते हैं? और मुझे याद आ गई–मर्दों को क्या जरूरत है जो इनके लिए तकलीफ उठावें, क्योंकि एक जोरू के मरने से बहुत मिल सकती हैं, बल्कि इनकी जिन्दगी में ही। मगर इनको खाविंद के मरने से दूसरा कहाँ!

अफसोस है, सुहाग का खूँटा सिर में गड़ा रहे फिर विधवा हो जावे। आपने ऐसी मजबूती से सुहाग को सिर में जमाया फिर भी उखड़ ही पड़ा। सुहाग की दुम एड़ी तक लटकाई फिर भी कतरी ही गई। चाहे कितनी ही हिफाजत से रखो यह कभी आपसे वफा न करेगा। बस, इनसे सिवाय तकलीफों के कभी आराम की उम्मीद नहीं।

हिन्दुस्तानी औरतें काँच की बिन्दी माथे पर लगाना सुहाग में गिनती हैं। अफसोस है उनकी समझ पर! कौड़ी की बिन्दी में सुहाग को दाखिल किया, फिर न मालूम काँच से भी ज्यादा नाजुक क्यों हो गया? मेरे नजदीक बिन्दी न लगाने वाली तुमसे ज्यादा आराम में हैं और सुहाग भी उनका सूर्य की तरह कभी कम-ज्यादा नहीं होता।

नाक में सूराख कर गोल दायरा बना जंजीर यानी नकेल के साथ नाक में पहनना–यह भी हिन्दुस्तानी औरतों की सुहाग की निशानी है। जैसे ऊँट के नाक में नकेल जितना चाहते हैं बोझ लादते हैं, जिधर चाहते हैं ले जाते हैं। बड़े अफसोस की बात है–खुद अपने हाथ से अपने नाक में सूराख कर बहुत बोझ उस पर लादें। अगर बोझ से टूट जाए तो डाक्टर से सिलवाओ; अगर सीने से न जुड़े तो दोनों तरफ नाक में जंजीर से बोझ को बाँधो। खूबसूरती दर किनार, बदसूरती की खान बन जाती है।

ऐ नकेल की पहनने वालियो, क्या आइने में मुँह देख के शर्म नहीं आती?

अपने बदन में सूराख कर सुहाग को छिपाना चाहा मगर फिर भी इस बेवफा सुहाग का चूर ही हो गया। अगर आप कहें कि यह सुहाग की निशानी है तो मैं आपसे पूछती हूँ कि सुहागे मर्दों की भी कुछ निशानी होनी चाहिए। अगर कहो, हमारे पुरखों की रस्म है, फिर मैं पूछती हूँ—कौन से धर्म शास्त्र में इसका पहनना सुहाग में दाखिल है? मनुस्मृति जो हिन्दुओं का आदि धर्म शास्त्र है, इसकी कौन से अध्याय में इस नाक काटने वाली का जिक्र है? और विवाह पद्धति के कौन से श्लोक में लिखा है? किसी पंडित को बुला कर पूछ लो कि कौन सी किताब में नथ का जिक्र है। बस, साफ जाहिर हो जाएगा कि यह रस्म पुरखों की बनाई नहीं, यह आप ही की ईजाद है। बस, चाहिए कि खूबसूरत निशानी रखो जिससे तुम्हारा सुहाग भी तुमसे खुश हो और अपना बदन भी खराब न हो।

गले में कोई जेवर हो, जरूर रखना चाहिए। सुहागन को कभी खाली गले न रहना चाहिए। जिसके पास जेवर न होवे, रेशम या सूत का बना कर पहने और बाँहों में काँच की चूड़ी पहनना, यह भी सुहाग में है। काँच की चूड़ी कोहनी तक पहनी जाती हैं। कभी खाली नहीं रखतीं। पहनते वक्त जब पुरानी उतारती और नई पहनती हैं, तब एक चूड़ी बाँह पर धर लेती हैं ताकि बाँह चूड़ी से खाली न हो। इनके ख्याल में है—अगर काँच की चूड़ी बाँह में न होगी तो खाविंद मर जाएगा। गोया हिन्दुस्तानी मर्दों की जिन्दगी ही इनसे है। अगर यह चूड़ी न पहने तो तमाम हिन्दुस्तान गर्क हो जाए। बाँह इनसे कभी सफा नहीं रह सकती। पहनते वक्त भी दो चार जख्म हो जाते हैं। गर्मियों के दिनों में लाख की गर्मी से बाँह फूल जाती हैं और फोड़े निकल आते हैं। मगर यह चूड़ियों को तब भी जुदा नहीं करतीं। मुमकिन नहीं कि इस हालत में सुहाग तुम से खुश रहता हो।

अब मैं तुमसे सवाल करती हूँ कि जब हम में से किसी का खाविद मरता है तब चूड़ी उतारी जाती हैं। चूड़ियों में तो सुहाग न हुआ। चूड़ियों में सुहाग तब माना जाता कि जब तुम उतारो तभी खाविंद मरता। पंजाबी औरतें चूड़ी नहीं पहनतीं—क्या उनके खाविंद मर जाते हैं? अँग्रेजों में कोई इनको जानता भी नहीं—क्या वे सब रांड होती हैं? अगर कोई कहे—"बहुत चूड़ियों से बाँह नहीं हिल सकती, थोड़ी उतार डालो"—तो जवाब देती हैं—"हम अपने बड़ों की चाल कैसे छोड़ दें?" जरा अक्ल को काम में लाओ। सोचो, तुम्हारे बड़े आदमी थे, या देवता, या उनकी पैदायश किसी और तरह से हुई थी? जैसे उनके दो हाथ-पाँव वैसे तुम्हारे, जैसे वे अक्ल रखते थे वैसी तुम भी रखती हो। जैसे उन्होंने अपने बड़ों की अच्छी रस्म तोड़ बुरी रस्में निकालीं क्योंकि यह रस्म पुरानी किसी किताब में नहीं—न महाभारत में, न पुराणों में, न किसी स्मृति में—बस, उन्होंने अपने बड़ों की चाल को तोड़ा—तुमको भी चाहिए—जो खराब दुःख देने वाली रस्म हैं उनको तोड़ अच्छी रस्म निकालो। जब उन्होंने अपने बाप-दादा की रस्मों को छोड़ दिया तुम उनकी पैरवी न करो। जैसी उनकी अक्ल थी वैसी उन्होंने

रस्म निकाली। परमेश्वर की कृपा से तुम भी अक्ल रखती हो। बस, इस बदसूरत निशानी की जगह कोई खूबसूरत निशानी बनाओ जिससे तुम्हारा सुहाग भी गैर विलायत में न जावे।

पाँव की उँगलियों के बिछुवे भी सुहाग की निशानी हैं। जिस दिन से शादी होती है खाविंद के मरने तक कभी पाँवों से अलग नहीं करतीं। बहुत औरतें जिनको खाने को भी मयस्सर नहीं होता वे काँसे का बिछुआ पहनती हैं और जो अमीर हैं वे एक-एक बिछुवा दस-बीस रुपये से कम का नहीं पहनतीं–जिनकी बदौलत उँगलियों का माँस गल जाता है, पहनते वक्त भी दो-चार जख्म हो जाते हैं। मैंने एक औरत को खुद देखा कि भारी बिछुवों के वाइस उँगलियों में जख्म हो रहा था। बिछुओं की डंडी अँगुली में घुस गई थी। अँगुली के कटने को थोड़ा ही माँस शेष था। परन्तु बिछुवे नहीं उतार सकती थी क्योंकि इनके ख्याल में है–बिछुवे उतारेंगी तो खाविंद मर जाएगा। बस, जहाँ कदम धरती थी खून का निशान हो जाता था। एक औरत ने पाँवों को पकड़ गौर से देखा तो मालूम हुआ कि अँगुली गिरने के करीब है। दो-चार औरतों ने मिल कर सुनार को बुला बड़ी मुश्किल से पाँवों को पकड़ बिछुआ उतारा। उस बेचारी को मारे दर्द के गश आ गया। अँगुली को पानी से धो ऊपर कपड़ा लपेट दिया। मगर उसकी बेरहम सास देखते ही खफा हो सबको बुला कहने लगी–"तुमने क्यों मेरी बहू के पाँव से बिछुआ उतारा और क्यों मेरे बेटे की बदसगुनी की? चाहे बहू की अगूँली कट जाए मैं बिछुवे कभी न उतारने देऊँगी। तुम्हारी बात क्या है, तुम तो किरानी हो। मेरे लड़के की जान से इसका दर्द बड़ा नहीं है। जब उसका सगुन न करेगी तो मैं क्या इसे भाड़ में झोकूँगी?" संग दिल सास ने अँगुली पर से कपड़ा उतार फिर बिछुवा पहना दिया। बेवकूफ औरतें यह नहीं समझतीं कि जब तक शादी नहीं होती है तब तक लड़का किसके सगुन करने से जीता रहता है? जब औरत मर जाती है तो कौन इनके जीने का सगुन करता है? अगर इन्हीं में सुहाग है तो चाहिए औरत के साथ खाविंद भी मर जाए। गोया इनका जिलाना-मरना इनकी औरतों के पाँव में है। फिर सास ने यह न सोचा कि जब अँगुली कट जाएगी तो बिछुए क्या नाक में पहनेगी?

पाँव के अँगूठे में एक अनबट नामी जेवर होता है जिसके नीचे पाव अँगुल की कील छोटी अँगुली तक नीचे की तरफ रहती है। इसी जेवर से कई औरतों ने खून भी किए हैं। बड़े शर्म की बात है कि इस कद्र तकलीफ उठावें फिर तुम्हारा सुहाग भी तुम से खुश न रहे। अफसोस, बिछुवे अँगुलियों में रहें और सुहाग मर जाए। ऐ सुहागं का सगुन करने वालियो, सुहाग इनमें नहीं, लेकिन इनसे मर सकता है अगर कभी लग जाए तो। अगर कहो कि यह सुहाग की निशानी है, मेरी दस्तबस्ता आपसे अर्ज है कि कोई खुबसूरत निशानी रखो जिससे तुम्हारे आराम में भी फर्क न आवे और सुहाग भी न मारा-मारा फिरे। अगर कहो कि हमारे बाप-दादा की रस्म है, नहीं, यह बेड़ियाँ आपकी ही ईजाद की हैं। खूब याद रखो, जब तक खुद इन

बेड़ियों को न उतारोगी चाहे हिन्दुस्तानी विलायत में तालीम पावें कभी शायस्ता नहीं बन सकते। देखो, जो औरतें बिछुवे नहीं पहनतीं, उनका सुहाग गुलामों की तरह उनका फरमाबरदार रहता है—कभी सुहाग दूर हो ही नहीं सकता—एक के मरने से फौरन दूसरी शादी कर सकती हैं। तुमने इस तरह अपने बदन में सुहाग को जगह-जगह छिपाया, मगर अफसोस, फिर भी एक खाविंद के मरने से सारी उम्र रोना पड़ा! बस, अब इन जेवरों से निकाल कर सुहाग को दिल में जगह दो ताकि सुहाग दूसरी जगह न जावे।

(च) दूसरा आम जेवर

जिससे कभी इनकी तृप्ति हो नहीं सकती—चाहे तमाम दुनिया का जेवर एक औरत को मिल जावे मगर फिर उसकी ख्वाहिश मिसल पपीहे के रहेगी। जैसे बरसात में चाहे कितना ही पानी बरसे पपीहे की ख्वाहिश कभी नहीं बुझती। हमेशा दिल के ख्यालात जेवर के ही तरफ दौड़ा करते हैं। कोई हिन्दुस्तान की औरत न होगी जो मरते वक्त जेवर की हसरत साथ न ले जाती हो, बल्कि औरतों ने यह भी एक दस्तूर बना रखा है कि मरी हुई औरत को थोड़ा सा अपनी तौफीक के मुताबिक जेवर पहना कर जलाते हैं। इस आम जेवर की इन्ताह नहीं है, न कोई हद मुकर्रर है कि इतना होने से जेवर पूरा हो जाता है। बस, जहाँ तक मुझे मालूम है और जो इसमें नुकसान हुए हैं, लिखती हूँ।

अव्वल, सिर पर कई जेवर पहने जाते हैं जैसे चौक, चाक, चौटा, चुठेला, चोटी—यह चारों सिर पर रहते हैं। एक चोटी में लटकाया जाता है। एक उसके ऊपर बाँधा जाता है। दो बालों के बीच गूँदे जाते हैं। बस, इनके भार और बोझ से गर्दन पीछे की तरफ रहती है। माथे पे बंदी और बैन्ना और तावीज—झूमर—मोरनी—चांद—शीश फूल—यह सब माथे पे बाँधे जाते हैं जिसकी कशिश से खून नसों में आने-जाने से रुक जाता है। बस, दर्द सिर शुरू होता है। फिर माथे पे कई तरह की लकीर करती हैं—लाल, पीली, काले रंग की। जैसे राजा लोग दशहरे को हाथी-घोड़ों को रँगवाते हैं वैसे ये अपने चेहरे को रँगती हैं। हिन्दुस्तानी हबसनों की तस्वीर देख हिकारत से हँसते हैं। अफसोस, अपने घरों में अपनी औरतों की हबसीनों की शक्ल देख खुश होते हैं।

कानों में चलनी की मानिंद छेद कर उनमें—पत्ते, बाली, बूँदे, चांद, मछ, झुमके, कर्णफूल, ठेंठी, ढेडू, डंडी, तदोड़े, मारे बोझ के कान दोहरे हो जाते हैं। शुरू में छेदते वक्त बड़ी मुश्किल से बोझ सहारते हैं। कई दवा उन पर लगाई जाती हैं। बीमार हो जाती हैं। हर दम खून पीप बहा करती है। साफ होने की तो कयामत तक उम्मीद नहीं—भारी बोझ से टुकड़े-टुकड़े हो जाते हैं। डॉक्टर से सिलवाती हैं। महीनों खाट पर

पड़ी रहती हैं। नीचे का हिस्सा कान का यहाँ तक बढ़ाती हैं कि मोटी बोतल का डाट भी छोटा होता है। अगर कहो, कान फूल न पहनो, जवाब देती हैं–"बगैर कान फड़ाए पुण्य नहीं लगता।" जो हिन्दुस्तानी मर्द पुण्य करते हैं इनके कहने बमूजिब सब बेफायदा जाता है क्योंकि यह कान नहीं फड़ाते। बस, इस जेवर से कान की निजाकत और खूबसूरती जाती है। खून आने-जाने से रुक जाता है। अजब नहीं कि दिमाग में भी कुछ फर्क आ जाता है। गर्दन को भी हिला नहीं सकतीं; बुत की मानिंद हो जाती हैं। रात को नींद में बड़ा खलल आता है। मगर जेवर को कानों से जुदा कभी न करेंगी।

फिर गले में गुलूबंद, कंठा, जुगनी, चंपाकली, मालाहार, तिलड़ी, दोलड़ी, पचलड़ी, सतलड़ी, पानहार, फूलहार, मौलसिरी का हार, चंदू सैनी हार, हमायल, बद्धी, गुलूबंद जो गर्दन में बाँधा जाता है–यहाँ तक कसके बाँधती हैं कि तमाम गले की नसें खड़ी हो जाती हैं। किसी से बात नहीं की जाती। फिर गर्दन का चमड़ा ऐसा सख्त और काला हो जाता है कि हाथी की पीठ उससे ज्यादा नर्म होगी। इस कद्र बोझ से गर्दन नीचे को झुकी रहती हैं–गमजदों की मानिंद नीचा मुँह किए बैठी रहती हैं–चेहरे पर सुस्ती हर वक्त छाई रहती है। इन सब में एक बद्धी नाम जेवर जो पीठ और छाती और दोनों कंधों पर रहता है–इसी जेवर से कइयों को जख्म भी हुए हैं, बीमार भी पड़ी हैं, फिर भी इसका पीछा नहीं छोड़तीं। उनसे तो गाय-बैलों को अच्छा कहना चाहिए क्योंकि उनके गले में सिर्फ एक रस्सा डाला जाता है और वह भी अपने हाथ से नहीं, मालिक डालता है। इनके तो गले से ले कर पाँवों तक रस्से ही रस्से नजर आते हैं। अफसोस है कि अपने गले में अपने हाथ से आप रस्सा बाँधें!

बाँहों में–बाजूबंद, जौशन, एक्का, नौरल, नौ नगे, बाँक, टाड़ बहुत कसके बाँधे जाते हैं। कंधे से कोहनी तक बाजू करा दिए जाते हैं। हमेशा बाँहों में इन जेवरों के निशान पड़ जाते हैं। भारी चीज कोई उठा नहीं सकतीं, न कोई काम जल्दी कर सकती हैं। हर वक्त बीमारों की तरह खाट पर पड़ी रहती हैं। पोंहचे में कंगन, कड़े, बाँक, छन, पिछेली, पहुँची, जहाँगीरी, परीबंद, मट्ठी–इनसे बाँह कोहनी तक भर जाती है जिससे कि हिलाना भी दुश्वार हो जाता है। यह सब जेवर छोटी उम्र से पहनाए जाते हैं। पोंहचे की हड्डी की बढ़ने की ताकत मारी जाती है। तमाम नसें कमजोर हो जाती हैं। जितनी जगह में जेवर रहता है उतनी बाँह पतली और काली पड़ जाती है जिसको यह खूबसूरती में दाखिल करती हैं। कोई उम्दा काम नहीं हो सकता। इसके पीछे भी इन्हें बहुत तकलीफ उठानी पड़ती है। मगर जेवर कभी दूर नहीं करतीं। भलाई की उम्मीद तो इससे ऐसी है जैसी गधे के सिर पर सींगों की उम्मीद करनी–हाथ की अँगुलियों में आरसी। अगूँठी, छल्ले, बाँक, पोर, फुलरतन, चौंक से एक-एक नस अँगुली की कस दी जाती है। हथफूल जंजीरों से हाथ के ऊपर बाँधा जाता है जिससे हाथ हिल नहीं सकता। एक-एक रग अँगुली की कस दी जाती

है कि ढीले छल्ले पहनने से गिरने का डर होता है। बल्कि खून के न फिरने से अक्सर अँगुली नीली हो जाती है। खाना खाने में बड़ी दिक्कत और सोने में तकलीफ। बदन सफा करने में बहुत ही कवायद होती है और कसाफत से तो खाली कभी हो ही नहीं सकती। सफा आदमी कभी ऐसे हाथ का खाना पसन्द नहीं करते; और बड़ी भारी इससे यह खराबी है कि अगर गुस्से में किसी बच्चे के मुँह पर यह हाथ लग जाए तो अच्छा जख्म हो जाता है; और कोई अच्छा काम ऐसे हाथों से हो नहीं सकता।

पाँवों में—कड़े, पाजेब, पायल, छड़े, बाँक, गुजरी, अनोखे, रमझोल, नूपुर—कम से कम पाँच-पाँच सेर का बोझ एक-एक पाँव में होता है। फिर पगपान—एक जेवर जो पाँवों के ऊपर जंजीरों से बाँध दिया जाता है। पाँव उठाना तो दरकिनार एक बालिश्त भर का भी कदम नहीं धर सकतीं। अगर कहीं भागने का मौका पड़े तो मिसल दीवार के खड़ी रह जाती हैं। बहुत दुष्टों ने ऐसे ही मौके में औरत का आजज पा कर अशराफ औरतों का धर्म तोड़ा है जिसकी बदौलत उन्हें फिर अपने तई कुएँ या तालाब में गिराना पड़ता है। जेवर वाले पाँव सफा तो कयामत तक हो नहीं सकते और गाय बैल के (.......)[1] मानिंद सख्त हो जाते हैं। चाहे बदन कितना ही गोरा हो पाँव उलटे तवे को मात करते हैं। रात को सोने के वक्त जैसे कैदियों के पाँव में बेड़ियाँ भर दी जाती हैं वैसे (.......)[1] बेगुनाह अपने पाँवों में आप बेड़ियाँ डाल (.......)[1] की तरह पड़ी रहती हैं। भारी बोझ से पाँव हिला नहीं सकतीं। ऐसे करवट लेना भी दुश्वार होता है।

ऐ (.......)[1] शौकीनो, क्यों अपने तई बदसूरती का (.......)[1] हो, विलायतों में रुस्वा होती हो? क्यों नकल के पीछे असल को खोती हो? क्यों अपने प्यारे बदन को सुइयों से तकलीफ देती हो? क्या तुम्हें यह मसल याद नहीं कि जीव है तो जहान है, जीव नहीं तो जहान नहीं? क्यों औरों के दिखाने को अपने ऊपर बोझ लादती हो? इस सूरत में वे खुश भी नहीं होते हैं। मजदूर जो दिन भर बोझ उठाते हैं रात को वे भी आराम करते हैं। अफसोस कि तुम खुशी से रात दिन बगैर मजदूरी के बोझ उठाए फिरो! कोई इस दुनिया में तुम्हारे बराबर हिये का अंधा नहीं होगा जो बगैर कसूर अपने हाथ से बेड़ियाँ बना अपने पाँवों में डाले। क्यों अपनी तमाम ताकतें बोझ उठाने में खर्च करती हो? क्यों अपना कीमती वक्त इस दुश्मन जान की फिक्र में गँवाती हो? क्यों इस सूली के बिस्तर पर आराम करती हो? जो औरत जेवर पहनती है कभी आराम से नहीं रहती। हमेशा बीमार रहती है और दिल में यह ख्याल करती है कि हमें भूत चिपटा है। भूत असल में कुछ चीज नहीं, बस, इसका कुछ इलाज भी नहीं हो सकता। डॉक्टर लोग भी इस वहम की बीमारी के इलाज से हार जाते हैं। बस, तुम लोग इसी जेवर की बीमारी से बेवक्त इस जहान से रुखसत हो जाती हो। मैंने कई दफे देखा—जब जेवर पहनती हैं दिल पर सुस्ती, चेहरे पर जर्दी छा जाती

---

1. अपठित

है, बदन में दर्द शुरू हो जाता है। किसी से बात करने को तबीयत नहीं चाहती है। पड़े रहने को ही दिल चाहता है। सुस्त पड़े-पड़े मैदा कमजोर हो जाता है। मैदे के कमजोर होने से जो जो नुकसान होते हैं सब जाहिर हैं। अफसोस, इसी गलती में हिन्दुस्तान की औरतों की जान जाती है और कोई ख्याल नहीं करता! जिस आदमी का पैदा होते ही बंद कस दिया जाएगा, कब उम्मीद हो सकती है कि वह पूरी जिंदगी पावे? खूब याद रखो, जब तक खुद इस दुश्मन जान से परहेज न करोगी कभी दुनिया में आराम न पाओगी। यह इल्जाम मर्दों पर नहीं यह तुम्हीं पर आता है क्योंकि यह फाँसी तुम्हारी ईजाद की है। और जितनी इसके पीछे इस जहान से गई हैं उनका जवाब भी तुम्हीं से पूछा जाएगा। और जो आराम इस दुनिया में इसकी बदौलत मिलता है तुम्हारा ही बदन सहार सकता है। अब जरा जहालत की चर्बी आँखों से दूर करके देखो कि तुम में और जेलखाने के कैदी में कितना फर्क है। उनके हाथों में हथकड़ी, पाँवों में बेड़ियाँ होती हैं। जरा अपने बदन की तरफ निगाह करो। सिर में, सिर की चोटी में, माथे में, नाक में, कान में, गले में, कमर में, बाँह में, पाँवों में, पाँवों की अँगुलियों में, पाँवों के ऊपर में, बाजू में, पोंहचे में, हाथ में, हाथ की अँगुलियों में, हाथ के ऊपर, अँगुली के पोरवे में। अब अपने और जेलखाने के कैदी की निस्वत दो–किस पर ज्यादा जुल्म है? अब ख्याल करो कि ये बेड़ियाँ किसने पहनाईं? तुमसे तो जानवर भी शायद ज्यादा आराम में होंगे। जैसे घोड़ा, गाय, बैल, ऊँट, हाथी–इनके अगाड़ी-पिछाड़ी बाँधी जाती हैं, वैसी तुम्हारे, जैसे इन पर साज लगा बग्घी गाड़ी में जोतते हैं वैसे तुम्हें सोना-चाँदी का साज पहना घर के कामों में जोतते हैं।

ऐ जेवर को जान से अजीज जानने वालियो, जिनके वास्ते यह सगुन मनाती हो, अपने पर बोझ लादती हो, वे तो तुमको कौड़ी की तीन भी नहीं समझते। चाहे कितना ही कान नाक काट, हाथ पाँवों में बेड़ियाँ डाल, बदन पर बोझ लाद, रहम के लायक शक्ल बना, इनके सामने आओ मगर यह संग दिल एक पलक भी तुम्हारी तरफ रहम की न उठावेंगे। जब तक खुद अपने ऊपर रहम न करोगी, मुमकिन नहीं कि हिन्दुस्तानी तुम पर रहम करें। हमेशा इसी कैद में रही हो और रहोगी। अगर परमेश्वर भी तुम्हारी इस हालत पर रहम कर छुटाने आवे, हरगिज न छुटा सकेगा जब तक तुम खुद अपने जिस्म से मुरव्वत न करोगी।

अगर कोई कहे कि औरतों को माँ, बाप, खाविंद के हिस्से में से कुछ नहीं मिलता सिर्फ जेवर ही इनका स्त्री धन है, अगर ये इसका शौक छोड़ दें तो कौड़ी-कौड़ी को मारी-मारी फिरें, बेशक ठीक है, मगर मैं यह नहीं कहती कि जेवर का शौक छोड़ दो, बल्कि जो जेवर जिस्म को तकलीफ दे उसे छोड़ दो। उसकी जगह खूबसूरत जेवर पहनो। बहुत जेवर ऐसे बन सकते हैं जिनकी कीमत ज्यादा हो और वजन हलका। आज के जमाने में अमीर पहनते हैं सोने का, उनसे गरीब चाँदी का, उनसे भी गरीब पीतल, राँग, काँसे का। तकलीफ सबको बराबर होती है–जैसी अमीर को

वैसी ही गरीब को। अमीरों को चाहिए, जितना सोने का हो जवाहरात का पहनें; गरीबों को चाहिए जितनी कीमत का चाँदी का हो, उतना सोने का पहनें; उनसे भी गरीबों को चाहिए, जितना पीतल काँसा पहने उतने मोल का चाँदी का बनवा कर पहनें। तब स्त्री धन में भी फर्क न आएगा, और न बदन को तकलीफ होगी, न बोझ लादना पड़ेगा, न खूबसूरती में फर्क आवेगा।

देखो यूरोप की औरतों को, क्या वे जेवर नहीं पहनतीं? मगर कैसे उनके हल्के खूबसूरत जेवर होते हैं, और कीमत की तरफ ख्याल करें तो तुम्हारे सारे जेवर की कीमत की उनकी एक अँगूठी होती है। बस, तुम्हारा उनका स्त्री धन बराबर है, मगर तुम तकलीफ में रहती हो, वे आराम में।

इस पर एक बात मुझे याद आई है। किसी बेगम ने एक रानी से मुलाकात करनी चाही। रानी साहिबा ने खूब अपने तईं जेवर से आरास्ता किया, बड़े-बड़े भारी जेवरों से गधी की मानिंद बोझ उठाया और बड़ा भारी जरी का जोड़ा पहन मुलाकात को गई। बेगम एक अँगूठी के सिवा कोई जेवर पहने न थी और न गोटे किनारी को पसन्द करती थी। सफेद कपड़ा पहने थी। जब रानी साहिबा बेगम के मकान पर उतरी बेगम साहिबा को देख जाना कि उनकी कोई लौंडी होगी। इसके दिल में ख्याल था कि बेगम हमसे भी ज्यादा जेवर पहने होगी। जब बेगम ने हाथ पकड़ सलाम किया रानी साहिबा बड़ी हैरान हुई और दिल में कहा कि नवाब इन्हें कुछ प्यार नहीं करता। कुछ देर बाद रानी ने बेगम से कहा—"तुम जेवर क्यों नहीं पहनती?" बेगम ने जवाब दिया—"खुदा ने हमको दुनिया में बोझ उठाने को पैदा नहीं किया।"

फिर रानी ने कहा—"तुम्हारा खाविंद तुम्हें कुछ प्यार नहीं करता?" बेगम ने कहा—"तुम्हारे खाविंद से ज्यादा प्यार करता है। मगर मजदूरों की मानिंद बोझ नहीं उठवाता।"

रानी : तुम्हें जेवर क्यों नहीं बनवा देता?

बेगम : हाँ, बनवाते हैं।

रानी : कहाँ हैं?

बेगम ने अँगूठी दिखा कर कहा—"तुम्हारे सारे जेवर की कीमत की यह अँगूठी है।"

रानी ने सारा जेवर उतार और उस अँगूठी को बाजार में कीमत जाँचने को भेजा। अगूँठी की एक लाख और जेवर की कीमत नब्बे हजार थी।

अब देखना चाहिए कि कौन ज्यादा आराम में थी? बेगम आराम में थी रानी तकलीफ में और स्त्री धन दोनों का बराबर था।

नम्बर 8

जूती

बड़े शर्म की बात है कि इतने जेवर का शौक हो और चार आने की जूती पाँव में न हो—जिसके बगैर पाँव गाय-बैलों के खुर से भी ज्यादा सख्त हो जाएँ। आप चाहे कितना जूती से परहेज करो फिर भी जूती के ही नाम से पुकारी जाओगी। तुम चाहे जूती को छोड़ दो जूती तुम्हें जब तक पाँव में न पहनो हरगिज तुम्हारे सिर को न छोड़ेगी।

नम्बर 9

हिन्दी औरतों की पोशाक

दुपट्टा, चोली, लहँगा—इन तीन कपड़ों के सिवा और किसी किस्म का कपड़ा नहीं पहनतीं। शायद जब से दुनिया पैदा हुई है तभी से यह पोशाक इनके लिए मुकर्रर हुई थी क्योंकि महाभारत, भागवत सब में औरतों के लिए यह तीन ही कपड़ों का जिक्र है। ढाई गज का दुपट्टा जिसमें अच्छी तरह बदन भी नहीं ढक सकता, दो बालिश्त की चोली जिसमें बाँहें-पीठ-पेट सब खुला रहता है, पाँच या सात गज का लहँगा वह भी पाँवों के टखने से ऊँचा। कोई कहे कि लहँगे में बहुत जगह बेशर्मी होती है, मसलन हवा चलने में, किसी ऊँची सीढ़ी चढ़ने में। पायजामा पहनो तो जवाब देती हैं—पायजामा कसबियाँ पहनती हैं गृहस्थनें नहीं पहनतीं।

ठीक है, जिनको शर्म चाहिए वे बेशर्मी की पोशाक पहनें, जिनको बेशर्मी चाहिए वे शर्म वालों की—कैसी उल्टी समझ है!

फिर अगर कोई कहे कि चोली में बदन नहीं ढकता, कुर्ता या कुर्ती पहनो, जवाब देती हैं—“हम किरानी नहीं जो कुर्ते पहनें। जिसे क्रिश्चियन होना है वह कुर्ती पहने। हम जो पहनती रही हैं वही पहनेंगी।” बेशक ठीक। अगर बदन ढकने से ही किरानी होता है तो हिन्दूपन किस में है—क्या नंगे रहने में? क्योंकि गुरुजी ने नंगा रहना हिन्दूपन में दाखिल किया है। देखो अँग्रेजों को, इनमें हमेशा नई पोशाकें ईजाद हुआ करती हैं। हमेशा मैम लोगों का ख्याल नए किस्म की ईजाद में रहता है। ईजाद की ताकत परमेश्वर ने हिन्दुस्तानियों में पैदा ही नहीं की। रही सही को पंडित जी करने नहीं देते क्योंकि न अच्छा मुहूर्त निकलता है, न ये ईजाद कर सकती हैं। मनुस्मृति में लिखा है कि अच्छी बात को नीच से भी लेना चाहिए। बुरी बात अगर बड़ा पंडित महात्मा बताए उसे छोड़ दो।

आज आधा हिन्दुस्तान अँग्रेजी कोट, पतलून, बूट पहनता है। तुमको भी चाहिए—जो तुम्हारे फायदे की चीज हो अँग्रेजी लेडियों से सीखो। अगर वे मर्द उस

पोशाक से किरानी होंगे तुम हिन्दू भी नहीं रह सकतीं। बस, तुमको जरूर चाहिए कि ईसाई छोड़ मेहतर की पोशाक क्यों न हो—जिसमें बदन ढका रहे हर वक्त पहनो। अपने महात्मा बुजुर्ग मनु के कहने पर अमल करो। इन झूठे, दगाबाज, चीर हरण लीला कहने वालों का कहना मत मानो।

(क) पंजाबी औरतों की पोशाक

चादर, कुर्ता, लहँगा, सुतना ऐसी तंग पहनती हैं मानो बदन से मिल जाती है। इजार बन्द की जगह बिल्कुल सलवट नहीं रहने देतीं और इसी हालत में बाजारों में फिरा करती हैं जिन्हें देख अशराफ आदमी अर्क में गर्क हो जाते हैं। बदमाश इस हालत को देख मिसल भेड़िये के फूलते हैं। अफसोस है तुम्हारे खाविंदों पर जो इसी हालत में तुम्हें बाजार में जाने की इजाजत देते हैं! गर्मी के दिनों में सिर्फ एक चादर सिर से ओढ़ दोनों पल्ले बगल में दबा लेती हैं। छाती वही नंगी रहती है। पंजाबी जबान में इसे अधड़मंजा कहते हैं। मगर बारीक चादर का ही अधड़मंजा होता है मोटे का नहीं। इसी कपड़े में घर के काम, गलियों में फिरना, सबके सामने आना, बल्कि बाजारों में भी किसी वक्त इसी पोशाक में चली जाना। ऐ पंजाब के बेशर्मो, क्यों तुमको उस वक्त शर्म नहीं आती जब तुम्हारी औरतों को सौदा बेचने वाले नंगी देख कर हँसते हैं, बल्कि खरीदने के वक्त मौका पा दस्तदराजी करते हैं! उस वक्त तुम एक चुल्लू पानी में डूबने लायक नहीं होते। अगर कहो कि यह इल्जाम औरतों पर है, उन पर बिल्कुल नहीं। जब वे शर्म का नाम ही नहीं जानतीं तब उन पर क्योंकर इल्जाम आ सकता है? बस, इस बेशर्मी का इल्जाम तुम ही पर है। गौर करने से तुम्हारा दिल खुद तुम्हें जवाब देगा कि इस बेशर्मी के रहबर तुम ही हो।

(ख) रंगीन कपड़ा

रंगीन कपड़ा भी सुहाग में दाखिल है। कोई औरत जिसका खाविंद जीता हो सफेद नहीं पहन सकती। रंग के वाइस एक-एक कपड़ा छह-छह महीने धोया नहीं जाता। घर में सफा हो नहीं सकता। धोबी को रंग उड़ जाने के ख्याल से दे नहीं सकती। रंग गंदा हो जाता है। बदबू का कुछ ठिकाना ही नहीं। मगर रंगीन पहनना जरूर सुहागनों को फर्ज है। इतना खर्च इनको मिलता नहीं जो हर रोज नया रँगवा के पहने। बस, परमेश्वर ने इनको मैला और गंदा पहनने को पैदा किया है। गोया मैला रहना ही सुहाग की निशानी है। क्यों न हो—जब पंडित-पंडितानी मैली धोती पसन्द करती हैं तब चेले-चेली क्यों न करें? जरा पंडित जी से पूछो तो कौन-सी किताब में रंगीन कपड़ा सुहाग में है, सफेद नहीं। अगर रंगीन कपड़ा ही सुहाग में होता तो जिस वक्त विवाह में सुहाग की बुनियाद पड़ती है क्यों सफेद कपड़े का चोला यानी

जामा औरत को पहनाया जाता है? बस, इससे साफ जाहिर है कि सफेद कपड़ा पहनना, सफा रहना सुहाग में है। रंगीन खूबसूरती के वास्ते है। ऐ सुहाग को सुहाग में रँगने वालियो, रंगीन कपड़े में सुहाग नहीं है बल्कि इससे सुहाग को खुश रहना ही बड़ा मुश्किल है। यह बात जाहिर है, जो आदमी गलीज रहता है उसके पास बैठने को किसी की तबीयत नहीं चाहती। फिर, खाविंद जिससे हर वक्त का वास्ता है कब इस हाल में तुम्हारे पास बैठना पसन्द करेगा?

(ग) नजाशत

कौन इनको गलीज रखता है? कौन कहता है कि सफा ना रहें? क्यों नहीं हर रोज कपड़ा बदलतीं? क्या इनके मर्दों के बराबर हाथ-पाँव नहीं या वैसा जिस्म नहीं? यह खुद गलीज रहना पसन्द करती हैं।

हिन्दुस्तानी इनको गलीज रखते हैं। कपड़ा बदन ढकने को नहीं मिलता। हर रोज-रोज कहाँ से बदलें? दूसरे मर्दों के बराबर इनके हाथ-पाँव भी नहीं। परमेश्वर तो बराबर ही पैदा करता है मगर हिन्दुस्तानी कुछ छाँट देते हैं। और न वैसा जिस्म है इनका, क्योंकि वे हर रोज ताजा हवा खाते हैं, जहाँ जी चाहता है वहाँ आजाद फिरते हैं, अपनी खुशी का काम करते हैं, औरतों पर हर वक्त हुकूमत करते हैं। और ये पैदायश से जेलखाने में डाली जाती हैं। रात-दिन सास-ननद के ताने, हर वक्त खाविंद की मार। फिर खाविंद के बदफैलों से हर वक्त जी जलाना। फिर जिससे इंसान और हैवान की जिन्दगी है, उससे महरूम रहना, हर वक्त मैली रहना। ताजा हवा इनको ख्वाब में भी नहीं मिलती। बस, इनका जिस्म उनके बराबर क्यों कर हो सकता है? अगर कोई कहे कि इतनी तकलीफों में जिन्दा कैसे रह सकती हैं—यह परमेवश्वर ही की कृपा हिन्दुस्तानियों पर जो इतनी तकलीफों में भी इनकी खिदमत करने को इनको जिलाता है।

(घ) कपड़ा

जैसा इनको ला देते हैं ये पहन लेती हैं। न इनको पूछा जाता है, न दिखाया, न पसन्द कराया जाता है। जैसा जी चाहता और सस्ता देखते हैं ला देते हैं। आप हर रोज या दूसरे-तीसरे दिन कपड़ा बदलते हैं। यह साल भर में शायद बारह दफा बदलती होंगी।

सौ रुपये तनख्वाह वाले का कपड़े का खर्च सौ रुपये साल से कम न होगा। औरत के वास्ते दस रुपये भी बड़ी मुश्किल से खर्चते हैं। एक हफ्ते में आठ दफा कपड़ा बदलें बेशक साफ रहेगा, और जो आठ हफ्ते में एक दफा बदलें वह क्यों न मैला रहे? बस, औरतों को मर्द ही गंदा रखते हैं, वे खुद मैली नहीं रहतीं। ऐ अपनी

गंदी औरतों को देख के खुश होने वालो, फिर उन पर मैली रहने का इल्जाम लगा, रंडी-लोंडों की तलाश करने वालो, आप यह ख्याल न करें कि औरतें गलीज रहती हैं, हम तो सफा रहते हैं। नहीं, इसकी बदबू ने कुछ औरतों के ही दिमाग को मैला नहीं किया बल्कि आपके दिमाग में भी इसने बहुत कुछ असर पैदा कर लिया है। और जो बीमारियाँ इस गलीजी से औरतों को होती हैं उनका जुल्म भी आप ही की गर्दन पर है। औरतें जो तकलीफ उठाती हैं इसका जवाब भी आप ही से पूछा जाएगा। ऐ हिन्दुस्तानी भाइयो, इन बेचारियों को गलीज रख जेलखाने में डाल आप सफा रह बाहर की सैर करो और फिर इन दुखियों पर शक रखो, खुदा के सामने क्या मुँह दिखाओगे?

नम्बर 10

प्राचीन औरतों की हालत से आजकल की औरतों की निस्बत

क्या ये वही हिन्दुस्तान की औरतें हैं जिनको ब्रह्मा ने अपने आधे अंग से पैदा किया था? अफसोस है कि आधा अंग मजे उड़ाए, आधा दुःख सहे!

क्या ये वही हैं जो रत्नों में गिनी जाती थीं? क्या परमेश्वर की शान है—आजकल ये पत्थर से भी ज्यादा भारी मालूम होती हैं! क्या ये वही हैं जिनसे राजा जयपाल न्याय शास्त्र पढ़ने आया था? अफसोस, अब इन्हीं के न्याय छीने गए! यहाँ तक कि न्याय के अर्थ भी इनके दिल से निकाले गए। अपने ऊपर बड़ी खुशी से अन्याय को सहती हैं और चूँ नहीं करतीं। क्या ये वही हैं जो अकेली तमाम राज्यों का हिसाब करती थीं? अब इतना भी नहीं जानतीं कि रुपये के कितने पैसे होते हैं। क्या ये वही हैं जिन्होंने विद्या के बल से गायत्री ब्रह्मवादिनी खिताब हासिल किया था? क्या गम का दिन है कि अब जहालत की बदौलत चुड़ैल, भूतनी, बदजात खिताब इनको मिलता है! क्या ये वही हैं जो शुभे, भद्रे, साध्वी नाम से पुकारी जाती थीं? अब उसकी बजाय बेवकूफ, कमअक्ल, कुटिल, कलहनी, नाकिस नाम से पुकारी जाती हैं! क्या ये वही हैं जो एक ब्रह्म की ही उपासना करती थीं? अफसोस, अब पत्थर, पीतल, धातु, बूढ़ा बाबू, ऊपर वाली, सेख सदी, निगाहे वाला, साँप, बिच्छू, उल्लू, चील, कौवा को पूजती हैं!

क्या ये वही हैं जिनके उपदेश से, जिनकी सोहबत से, लोग ज्ञान हासिल करते थे? अब इनकी तरफ से लोगों को यहाँ तक नफरत है कि बगैर जरूरत बात करनी भी पसन्द नहीं करते। जो इनकी सोहबत में बैठता है उसको जनखा खिताब मिलता है।

क्या ये वही हैं जिनकी इज्जत बड़े-बड़े महात्मा लोग करते थे, बड़े-बड़े राजा

इनके इस्तकबाल को आते थे? अफसोस, हजार अफसोस, अब जूती के बराबर इनकी इज्जत गिनी जाती है!

क्या ये वही हैं जिनके मरने से लोग गम में सारी उम्र गुजार देते थे? अब इनकी जिंदगी में लोग दस-दस शादी करते हैं। क्या ये वही हैं जो आप पसन्द कर गंधर्व विवाह और स्वयंवर विवाह करती थीं? आज कैसा इन पर जुल्म है कि बगैर जाने-देखे-भाले चूढ़े-चांडाल को गाय-बैल की मानिंद दे दी जाती हैं! क्या ये वही हैं जो अठारह वर्ष या बीस वर्ष ब्रह्मचर्य धारण कर विद्या पढ़ती थीं? हाय, अब कैसे शोक का दिन आ गया कि ये विद्या का नाम लेने से सौ-सौ कोस भागती हैं, और जो इनमें से कोई पढ़ती है उसे किरानी कहती हैं! अफसोस, अब विवाह सात वर्ष में हो जाता है और दस वर्ष में माँ बन जाती हैं।

क्या ये वही हैं जो बड़ी-बड़ी सभा में शास्त्रार्थ करती थीं? अब शास्त्रार्थ शब्द का भी अर्थ नहीं जानतीं! क्या ये वही हैं जो बड़ी-बड़ी सभाओं में मुँह खोले अव्वल नम्बर में बैठती थीं? अफसोस, अब कैसा हिन्दुओं की अक्ल पर पर्दा पड़ गया है कि औरतों को मर्दों के सामने जाने से भी रोकते हैं!

हे परमेश्वर, जल्द वह दिन ला जब हिन्दुस्तानी औरतें अपनी पहली हालत में हो जावें।

नम्बर 11

औरतों के खराब होने के सबब

दिल में पहले पहल बदख्याल पैदा होते हैं। इसके कई सबब हैं। अव्वल विवाह न होने से, दूसरा बेवा होने से, तीसरा बूढ़े से शादी होने से, चौथा जिसकी छोटे लड़के से शादी हुई हो, पाँचवाँ सास-ननद के बहुत दिक करने से, छठा खाविंद की बदफैलियों से दिल जल कर, सातवाँ रोटी-कपड़ा न मिलने से, आठवाँ मुफलिसी से, नौवाँ जो दौलतमंद खुद मुखत्यार हो।

नम्बर 12

बदमाशों की हालत

शुरू में जब दिल में बदख्याल पैदा होते हैं परमेश्वर का खौफ साथ ही दिल में होता है। मगर वह ख्वाहिश परमेश्वर के खौफ को हटा देती है इस ख्याल से कि परमेश्वर क्या करेगा, जब करेगा तब देखा जाएगा। यहाँ परमेश्वर नजर नहीं आता। फिर माँ-बाप-रिश्तेदारों का खौफ अजीब दिल की हालत करता है। फौरन कहता है–"ऐसा काम न कर। रिश्तेदारों को खबर होने से बहुत खराबी होगी।" ख्वाहिश कहती है–"ऐसी तजवीज कर हि इन्हें खबर न हो"–और तरह-तरह की तजबीजें बताती है। कभी खौफ गालिब होता है कभी ख्वाहिश। खौफ से दिल धड़कता है, ख्वाहिश न

उधर दिल को कैद कर लिया है। मगर वह ख्वाहिश से पैदा हुआ है इसलिए यही गालिब होता है। जब दुश्मन सामने आवे तो कौन से हथियार इस्तेमाल करने चाहिए? दुश्मन दो तरह के होते हैं–एक जिस्मानी, दूसरे रूहानी। जिस्मानी दुश्मन जानवर, शेर, सर्प, आदमी वगैरह होते हैं। उनके वास्ते तलवार, बंदूक चाहिए। रूहानी दुश्मन का, काम, क्रोध, लोभ, मोह, अहंकार हैं। इनमें सबसे बड़ा काम रूह का दुश्मन है। इसके वास्ते दामाओं ने विवेक को हथियार तजवीज किया है। याने विचार को उस वक्त आदमी को सोचना चाहिए कि जब हम मर जाएँगे तो ये चीजें जो अब हमको खुश करती हैं दूसरे की हो जावेंगी। जिंदगी का कुछ भरोसा नहीं। इस थोड़ी उम्र के वास्ते दुनिया में बदनामी उठाना अच्छा नहीं।

उस वक्त उसके सामने दोनों खड़ी होती हैं–नेकी और बदी। नेकी का बड़ी शान वाला तख्त है और बदी का बड़ा भारी अँधेरागार है। मगर यह उस गार में ही ज्यादा आदमियों को पड़ा देख जल्द गिर पड़ता है। जब एक दफा गिर गया फिर उठना बड़ा मुश्किल है। तब पड़ा-पड़ा पछताता है, दुःख उठाता है, मगर वह वक्त हाथ नहीं आता। बस, चाहिए आदमी को जो काम करे उसका पहले अंजाम सोच ले। फिर कोई अच्छा आदमी तलाश नहीं कर सकतीं, न कोई अच्छी जगह मिलती

है जहाँ अपनी खुशी पूरी कर सकें। मसल मशहूर है—चोरों के वास्ते अँधेरी रात। बस, लाचार हो नाई या कहारों से खराब होती हैं क्योंकि बाहर तो निकल ही नहीं सकतीं जो अच्छा मर्द तलाश करें। और पुरोहित जी का तो कुछ डर ही नहीं क्योंकि तन-मन-धन हिन्दुस्तानी औरतों का मूर्खों ने इनको संकल्प कर दिया है। जिस काम में किसी का खौफ हो, खुशी कभी हो ही नहीं सकती। बस, जिस ख्वाहिश को तुम लोगों ने पूरा करना चाहा उसका लुत्फ तो उठा ही नहीं सकीं। जब माँ बाप रिश्तेदारों को खबर होती है, वे लोग जान के दुश्मन हो जाते हैं। यह मुमकिन नहीं कि खबर न हो। यह बात तुमको जरूर याद करनी चाहिए कि अगर सात कोठरी के अन्दर करें, वह कोठे पर ढोल पीटता है। इश्क मुश्क कभी छिपा नहीं रहता है। चाहे कितना ही होशियार हो इस जगह ठोकर खा जाता है। माँ बाप से जहान तक हो सकता है। काम ही तमाम करते हैं। आज कल अँग्रेजों के खौफ से जाहिरा मार नहीं सकते। किसी हीले से मार देते हैं। अगर मरती नहीं तो अधमरी हो जाती हैं। रिश्तेदारों की नजरों में हकीर होती हैं और कोई इज्जत नहीं करता। माँ, बाप, भाई उलटा मुरव्वत की जगह तरह-तरह से दिक करते हैं। कोई अपनी बहू बेटी के पास बैठने नहीं देता। सब में बदमाश मशहूर हो जाती है। छिनाल नाम पड़ जाता है। रिाबा इन सब ख्वारियों के अपना दिल भी आराम में नहीं रहता। हर वक्त चोरी फरैब के ख्याल उठा करते हैं। बदमाशी करते वक्त तो लोगों का खौफ था, मगर अब तक और दूसरा खौफ अपने ही दिल को दुखाता है कि किसी तरह जाहिर न हो जावें। लोगों में जाहिर तभी तक नहीं होती जब तक हमल न होवे। यह परमेश्वर की कुदरत है कि जहाँ दो चीजों का आपस में मिलाप होगा जरूर तीसरी शक्ल बनेगी। इसी के फिक्र में रात दिन दिल को चैन नहीं मिलती। हर वक्त इसी की तजवीजों में रहती हैं—कोई दवा ऐसी मिले जिससे हमल न हो। जब हमल हुआ फिर तो इत्र की खुशबू की मानिंद बात उड़ जाती है। अब दाइयों की खुशामद करती हैं। हजारों रुपये रिश्वत देती हैं। हकीमों का इलाज हर वक्त होता है। और जहाँ कहीं से बनता है हर एक से यह सवाल करती हैं मगर उन्हीं से जो इस काम में तजुर्बा कर चुकी हैं। जो कुछ वे लोग इस वक्त इसको देते हैं ये अमृत से भी मीठा जान खा लेती हैं। और उसका एहसान कभी नहीं भूलतीं। इस वक्त इसे जान का भी खौफ नहीं होता। बहुत औरतें ऐसे वक्त मर जाती हैं क्योंकि दवाइयों का तो कुछ शुमार ही नहीं होता। बस, यही दवा उन्हीं का काम तमाम करती है। मेरे नजदीक इनका ऐसे वक्त पर मर जाना ही अच्छा है क्योंकि जिन्दा रहने से कइयों की खराबी की वाइस बनती हैं।

फिर माँ बाप इस वक्त यही चाहते हैं किसी तरह यह लड़की मर जाए। बल्कि दाइयों के जरिए से कइयों ने जहर की गोली दिलवा कर मरवा दी हैं।

फिर अगर कुनबे में सुर्खरु रही तो खैर या कोई उम्र की पूरी हो तो और आफत आती है। अजीब जगह तलाश करती हैं जहाँ उस बेगुनाह का काम तमाम करें। बच्चे

के पैदा होते वक्त औरतों के जिस्म की बहुत हिफाजत होनी चाहिए—खाने और दवा और हया से। इस वक्त न कोई दाई होती है न कोई खाना वगैरह देने वाला। जब बच्चा पैदा हुआ, उसी वक्त अपनी चोटी का धागा खोल, उस बेगुनाह को फाँसी दे कपड़े में लपेट, सिर पर धर, दरिया या किसी और जगह फेंकने को ले जाती हैं।

आह, क्या शौक का वक्त है कि जिसके होने को ये दाइयों, हकीमों, पंडितों, संतों, फकीरों से मिन्नतें कर पाती हैं, उसी को इन्हीं लोगों से दूर करने का इलाज चाहती हैं! जिसका वजूद होना औरतों को बादशाही मिलने से भी ज्यादा खुश करता है, आह, आज उसी का वजूद इन पर मुसीबत का पहाड़ मालूम होता है! जो हमल का दिन इनको दुनिया की नियामत पाने से भी ज्यादा खुशी में गुजरता है वही दिन इनको ब्रह्मा के कल्प से बड़ा बीतता है। जिसकी हर घड़ी ये शगुन मना-मना कर बिताती हैं वही घड़ी यह रो-रो के तमाम करती हैं। जिसका एक-एक पल इनकी खुशी बढ़ाता है वही पल इनकी मुसीबत के ज्यादा होने का वाइस हो जाता है। जिसका मुँह देखने से माँ की तमाम खुशी और तमाम उम्मीद पूरी हो जाती हैं, उसी का मुँह देखने से इसकी सब खुशी दूर हो जाती हैं, और दुःख का दरिया बह निकलता है। क्या परमेश्वर की माया है कि जिस बच्चे को माँ अपनी तमाम मेहरबानियों से अपने ऊपर तकलीफ झेल कर पालती है, हाय उसी को यह कम्बख्त माँ तमाम खुदा के कवानीनों को तोड़ कर खुद अपने हाथों से हलाक करती हैं!

क्या उस बेगुनाह का खून करते परमेश्वर का खौफ भी तुम्हारे दिल में नहीं आता? क्या उस वक्त मादराना जोश भी अपना असर नहीं करता? क्या उसकी भोली-भोली सूरत तुम्हारे दिल पर रहम पैदा होने नहीं देती? उस बच्चे का तो कुछ गुनाह नहीं, गुनाह तो आप ही का है। क्यों नहीं उस वक्त अपने ही गले में फाँसी दी जब दिल ने बदफैली करने की तरकीब दी थी? नहीं, लड़के को फाँसी देने के वक्त परमेश्वर का भी डर होना चाहिए था। मादराना मुरव्वत भी अपना असर करती है मगर लोक की लाज से यह पाप करती हैं क्योंकि इसके रहने से इस बदफैली का सबूत हो जाएगा। इस ऐब के छिपाने को यह भारी पाप अपने सर पर उठाती हैं। उस वक्त जैसा सदमा इनके दिल पर गुजरता होगा कोई बयान कर नहीं सकता। पिछली सब बातों को पछताती हैं। परमेश्वर के आगे गुनाह माफ करने की दुआ माँगती हैं—"ऐ परमेश्वर, हम फिर कभी ऐसा काम न करेंगी।" यह ख्याल दो-चार दिन उनकी तबीयत पर रहता है फिर गुम हो जाता है क्योंकि यह ऐसी जगह नहीं जहाँ का फिसला आदमी संभल सके। यह वह फिसलना गार है, जब एक दफा पाँव पड़ा फिर नीचे को ही धसकता जाता है। फिर अगर यहाँ से भी बची और लोगों ने बहुत तंग किया तो अगलों-पिछलों की नाक काट, उनकी इज्जत में खाक डाल, घर का सब असबाब ले, किसी बदमाश के साथ निकल गई।

अक्सर देखने में आया है—जिन औरतों के लड़के-लड़की होती हैं वे भी निकल

जाती हैं। फिर यह कुछ बात नहीं कि एक काम के पीछे सबकी मुरव्वत छोड़ी जाए। बेशक, पहले इसके जोश में कुछ ख्याल नहीं होता मगर पीछे जो हालत होती है तुम्हारा ही दिल जानता है। क्या उन प्यारे बच्चों की जुदाई दिल न जलाती होगी? क्या माँ बाप की जुदाई का गम न होता होगा?

फिर जिनको अपना जान सारा तन-मन-धन दे साथ निकलती हैं वे दुष्ट वफा के नाम से भी वाकिफ नहीं होते। उनका रोजगार यही है। किसी को निकाल लाए—उसका माल असबाब छीन अलग हुए। पहले मीठी बातें बना निकाल लाते हैं पीछे तलवार दिखा सब कुछ छीन लेते हैं। उस वक्त सब पिछली बातें याद आती हैं। बड़ा भारी गम होता है। अपने किए को पछताती हैं। न इस वक्त कोई रिश्तेदार है न गम ख्वार। जिस वक्त दुनिया में हमें कोई अपना दोस्त या रिश्तेदार न दिखाई दे तब यह दुनिया हमारी आँखों के सामने अँधेरी नजर आती है। वही हालत तुम्हारी होती है। दुनिया में आँख पसारने से अपना कोई नजर नहीं आता। बस, लाचार हो इस वक्त खानगी बनना पड़ता है। यह रोजगार भी तभी तक रहता है जब तक जवानी है। जब बुढ़ापा आया कोई कौड़ी की तीन-तीन भी नहीं पूछता। इस रोजगार में भी बड़ा खतरा रहता है कि कोई ऐसा न आवे जो पहलों के मानिंद फिर चुटिया मूँड ले जाए। यह आम बात है कि जो दुकान सफा सजी हर तरह की चीजों से आरास्ता होती है वहाँ ही ज्यादा खरीददार आते हैं। सजावट रुपये से होती है। रुपये की आमदनी लोगों से होती है। लोग तब आते हैं जब अपना खुश मिजाज हो। औरत मिजाज में खुशी तब होती है जब किसी तरह का रंज न हो। यह बात मुमकिन नहीं है कि इतनी तकलीफों के सहारने से तुम्हारे दिल पर रंज न रहता है। बस, यह पैसा भी मुश्किल ही से अंजाम पाता है।

नम्बर 13

मुसीबतें

अब बुढ़ापा आया, गोया, नए सिरे से मुसीबतों का सूर्य चमका। अब कोई पानी देने वाला नहीं। जो जवानी के यार थे इस वक्त घर का दरवाजा देख मुँह फेर लेते हैं। औलाद के न होने का बंदोबस्त पहले ही कर लिया था। बस, इस वक्त अकेली हर चीज को मुँह पसार पड़ी रोती हैं। कोई तसल्ली देने वाला नहीं। पिछली बातों का एक-एक हिस्सा इस वक्त सौ गुना असर दिल पर करता है। इस कद्र मुसीबतें उठाईं, हजारहा गुनाह किए, हजारों को तकलीफें दीं, बुढ़ापा आ गया, मगर फिर भी बाज नहीं आतीं। अपने बदन में ताकत नहीं। मजदूरी तो कर नहीं सकतीं। यों ही कोई देता नहीं। पास खाने को कौड़ी नहीं। अब अपने गुजारे का एक और नया पेशा शुरू करती हैं। आपको तो इस काम में खूब तजुर्बा होता है। बस, औरों को इस इल्म का सबक पढ़ाना शुरू करती हैं। अशराफों बहू-बेटियों को बहका निकालना, उन्हें बेच देना, जहाँ हवा का गुजर न हो वहाँ बदमाशों का पहुँचना, या जिसको हमल हुआ हो उसके दूर करने की दवा बताना, या जिस बेवा के बच्चा पैदा हुआ हो उसके मारने ओर फेंकने में मदद करना, या कोई कोठी निकाल लेना जैसे लाहौर और अमृतसर में कोठियाँ मशहूर हैं। बस, इन कामों की बदौलत भी आपको बहुत दुःख उठाना पड़ता है—यानी जिनकी बहू-बेटियाँ खराब करती हो उनकी खबर होने से जो हालत आपकी करते हैं आपका बदन जानता है। बल्कि कभी-कभी जेलखाने में भी तशरीफ ले जानी पड़ती है। आखिर बड़ी खराबियों से जिन्दगी तमाम कर मरती हैं। पीछे भी बदनामी होती है। लोग यही कहते हैं—“बड़ी बदमाश औरत थी। इसने बहुत खून किए। कई अशराफ औरतों को खराब किया। खूब हुआ जो मर गई।” अब देखिए, किस खराबी से उम्र तमाम की, दोनों जहान में मुँह काला किया। आप माँ-बाप को छोड़ा, औरों के माँ-बाप को भी छुड़वाया; तड़पते बच्चों से अलग हुई, औरों को करवाया; आप सारी उम्र मुसीबतें उठाईं, औरों से उठवाईं; आपने सैकड़ों बेगुनाहों का खून किया, औरों को इस भारी गुनाह में फँसाया। परमेश्वर के सामने क्या मुँह दिखाओगी?

नम्बर 14

जवाब एक औरत का

जब परमेश्वर ने इनको पैदा किया तो सब इन्द्रियाँ मर्दों के बराबर दीं। यह कुछ बात नहीं कि एक खाविंद मर जाए तो साथ सब इन्द्रियाँ अपना असर छोड़ दें। जब तक देह में दम है ये जरूर वक्त पर अपना असर करेंगी। ऐसा कोई दुनिया में पैदा नहीं हुआ जिसने इनके फैल को रोका हो। बड़े-बड़े महात्माओं की इन्द्रियाँ चलायमान हो गई हैं फिर औरत क्या चीज है जो रोक सके। स्त्रियाँ बहुत सब्र करती हैं—कि बहुत औरतें ऐसी हैं जिन्होंने तमाम उम्र खाविंद का मुँह नहीं देखा—यों ही उम्र तमाम कर दी हैं। बहुत ऐसी हैं जो खाविंद के मरने के बाद दस-दस वर्ष सब्र ही में गुजरानती हैं।

जरा सोच के देखो तो मालूम हो कि मर्दों से सौगुना ज्यादा सब्र इनमें है; मगर फिर भी ये इन्द्रियाँ अपना असर करती हैं। बस लाचार हो हम बदकाम करती हैं क्योंकि दूसरी शादी हमको करने नहीं देते, उधर हमें इन्द्रियाँ चैन नहीं लेने देतीं। उस वक्त हमारी आँखें अंधी हो जाती हैं। नफे नुकसान की कुछ खबर नहीं रहती। जब लोग बहुत तंग करते हैं, रोकते हैं, तब सबकी मौहब्बत तोड़ घर से निकल जाती हैं। माँ-बाप को भी छोड़ती हैं, बच्चों की जुदाई भी दिल पर सहारती हैं, दुनिया में बदनामी भी उठाती हैं, अपनी उम्र भी खराब करती हैं, अपने ऐब छुपाने को उन बेगुनाहों का भी खून करती हैं। परमेश्वर के सामने भी मुँह काला होता है। मगर जो कैदी जेलखाने में बन्द है, खाना वगैरह की चीजों से लाचार है, कोई उसकी खबर नहीं लेता। अगर इस हालत में वह अपने जरूरी कामों के लिए चोरी करे सो पाप नहीं है। पहले हिन्दुस्तान में रिवाज था, जब कोई मरता उसकी औरत को उसके साथ जिन्दा जला देते थे। अब अँग्रेजों के राज में यह रिवाज जाता रहा है। मगर विधवाओं के वास्ते कुछ बसर नहीं हुआ। फिर बताओ, वह लोग क्या करें? जरा इन्साफ की नजर से देखो कि यह मुसीबतें इनसे कौन उठवाता है? यह पाप हमारे वश में नहीं क्योंकि हम तो लाचारी में यह काम करती हैं। यह सब अपराध हमारे परमेश्वर देखता

है। अगर हम खुशी से करतीं तो परमेश्वर हमें दण्ड दे, नहीं तो जो लोग जान-बूझ के हमारे से यह अपराध करते हैं उन्हीं को दण्ड मिलेगा। हमारा कुछ कसूर नहीं। हम परमेश्वर के सामने सुर्खरु हैं। यह गुनाह हिन्दुस्तानी मर्दों का ही है।

अफसोस है हिन्दुओं की अक्ल पर कि जान-बूझ कर अपनी बहू-बेटियों को एक ऐसे घोर पाप में डालते हैं जिससे कभी निकल ही नहीं सकतीं! दिल में जानते हैं कि इनके भी हमारे बराबर सब इन्द्रियाँ हैं, तिस पर यह गजब कहते हैं कि औरतों को मर्दों की निस्वत इस तरफ दूनी रगबत है। हैफ कि बगैर शादी बिठा रखें और उनसे पारसाई की उम्मीद रखें! दूना खाने वाले को घर में कैद कर भूखा बिठा रखें और आप उसी के सामने चौगुना खा के मजे उड़ाएँ। अगर इस हाल में कैदी लाचार हो चोरी करे तो जान से मारने को तैयार हों। बस, इससे बढ़के दुनिया में कौन सा जुल्म होगा!

यह मर्दानगी नहीं कि बिचारी नाताकत जेलखाने में पड़ी हुई अपने आधीन हो—उनको मार डालना। मर्दानगी तब है जब इनकी रिहाई का कुछ बंदोबस्त करें। दिल वह चीज नहीं जिसे कोई कैद कर सके। जिस्म कैद हो सकता है। क्या हुआ जो आपने औरतों को कैद किया। दिल ने फिर वही तस्वीर खींच कर तुम्हें दिखाई जिसके लिए इस जिस्म को कैद किया। बस, अब जिस्म को छोड़ दो और दिल के कैद करने की तजवीज करो। इसके कैद करने की यही तजवीज है कि औरत अपनी पसन्द कर शादी करे और बेवा दूसरा विवाह कर सके। जब आपस में मोहब्बत होगी बस दिल कैद होगा। जेलखाने का कैदी भाग सकता है मगर मोहब्बत की ऐसी जंजीर है कि मरने तक नहीं छोड़ती। दिलों के कैद करने को मोहब्बत ही एक हथियार काफी है।

नम्बर 15

ऐ नेक बख्त हिन्दनियो

देख ली तुमने मर्दों की मर्दानगी? यह खुदगर्ज कयामत तक भी तुम्हें इस पापों के घोर सागर से निकालने में सई न करेंगे। बस, अब अपनी ही हिम्मत की कमर बाँधो, इन हिम्मतहारों के भरोसे न रहो। परमेश्वर के सामने अपना सुर्खरूह करो, चंद रोज जिन्दगी के वास्ते अपनी आकवत न बिगाड़ो। दुनिया की झूठी लज्जतों के पीछे अपनी अमोल उम्र वृथा न खोवो। इन्द्रियों के विषय में अपने धर्म को न गँवाओ। बेशक माना कि जिसको जिस काम के पाप-पुण्य की खबर ही न हो उसको गुनाह नहीं, मगर तुम अपना नफा-नुकसान सोच सकती हो। बुराई-भलाई जानती हो। जिस काम में हम हजारों को दुःख उठाते देखें, फिर उसी में आप गिर पड़ें तो कसूर हमारा ही है। बस, हमको चाहिए—अपनी मदद करना। और यह बात भी ठीक है—जो अपनी मदद नहीं करते परमेश्वर भी उनकी मदद नहीं करता। जिस काम को हम जान-बूझ कर करें तो उसका पाप भी हमीं को होगा। बस, अब अपने तईं इस पाप से छुड़ाओ और धर्म को पकड़ो। धर्म यह नहीं जो पुरोहित जी ने बताया। धर्म यह है—सत्य बोलना, सत्य काम करना, जाहिर वातन एक सार रखना। वह नहीं जो दुनिया के दिखाने को धार्मिक बन जाते हैं और मन में पापियों के गुरु रहते हैं। माँ, बाप, भाई, खाविंद, लड़के—सब यहाँ रह जाते हैं, सिर्फ धर्म ही साथ जाता है। जिन इन्द्रियों के लिए पाप करती हो वह भी सब यहाँ ही रह जाएँगी। बस, अब वही काम करो जिससे धर्म भी न बिगड़े और दुनिया में भी बदनामी न हो और अपनी उम्र भी आराम से गुजरे। तुम्हारी बेहतरी की यही तजवीज अच्छी है कि जब दिल इस इन्द्रिय के विषय को चाहे दूसरी शादी कर लो। अगर कहो हमारी बदनामी होगी, हरगिज नहीं। उन बदनामियों से यह बदनामी कम है क्योंकि उसमें सारी उम्र मुसीबतें उठानी पड़ती हैं, माँ-बाप बच्चे छोड़ने पड़ते हैं। इसमें तमाम उम्र आराम से गुजरती है।

जो काम लोगों के बरखिलाफ पहले करते हैं, थोड़े दिन बदनाम होते हैं, लेकिन

पीछे उसका आराम तमाम दुनिया को मिलता है। जब आप दस मिल कर यह काम करोगी तब रफ्ते-रफ्ते रिवाज हो जाएगा। फिर कोई बदनाम भी न करेगा। न माँ-बाप जुदा होंगे, न बच्चे छूटेंगे, न बेगुनाहों का खून तुम्हारी गरदन पर होगा, न लोगों की नजरों में हकीर होगी, न कोई बेइज्जती करेगा, न लोगों की बहू-बेटियाँ खराब कर जेलखाने में जाना पड़ेगा। अगर कहो कि हम घर में बैठी कैसे शादी करें? कहाँ तलाश करें? पहले, जब शादी करना चाहो माँ-बाप से कहो। वे न मानें, मारें-पीटें, फौरन सरकार में इत्तिला दो। अगर कहो, सरकार में इत्तिला करने को कैसे जावें? जवाब–जब आप खानगी बन अमृतसर के चकले में जाती हो तब कौन रास्ता बताता है? सरकार में इत्तिला कर किसी अच्छे नेक अशराफ जो गुजरान अच्छी तरह कर सकता हो, अपने लायक हो, उससे शादी कर लो। जब शादी करना चाहो अपनी मर्जी के मुवाफिक पसन्द कर लो। बेसब्री को काम में न लाओ क्योंकि बुरे खाविंद से बगैर खाविंद रहना अच्छा है। छोटी उम्र के विवाह का इल्जाम माँ-बाप पर था। अब तुम अक्ल रखती हो। यहाँ पुरोहित जी टेवा नहीं देखेंगे, न पंडित साहब लग्न जुड़ाने आवेंगे। अपनी अक्ल के मुवाफिक जैसा आप करोगी वैसा ही सारी उम्र भोगना पड़ेगा। बहुत औरतें ऐसा कहती हैं–जिसने एक से फेरे ले दूसरे से शादी की परमेश्वर उसको नरक में डालता है–दुनिया में वह किसी काम की नहीं रहती–मरने के बाद धर्मराज उन्हीं मर्दों को जिनकी वह संग करती है लोहे के बना कर आग में तपा कर उसके गले से लगवाएगा। यह बिल्कुल झूठ है। जाहिलों को धोखा देने की यह बात पंडित जी ने बनाई है। पहले उन्हीं को तपी हुई स्त्रियों से मिलना पड़ेगा। बेशक, जो औरत अपनी पसंद कर शादी करे और फिर उस खाविंद को धोखा दे, दूसरे के पास जाए, अजब नहीं कि उसके वास्ते ऐसा हो।

शादी करने में कोई पाप नहीं, न परमेश्वर नाराज होता है। अगर शादी ही करने से पाप होता तो बड़े-बड़े ऋषि-मुनियों ने–वशिष्ठ, पाराशर, वेद व्यास, (....)[1] याज्ञवल्क्य, कश्यप, मनु–इन सब ने शादी यों ही की थी? किसी से परमेश्वर नाराज न हुआ बल्कि उम्दा से उम्दा जगह उनको स्वर्ग में दी कि आज तक सूर्य की तरह उनका नाम दुनिया में रोशन है। फिर, हिन्दू-मुसलमान जो एक औरत के जीते दस-दस शादियाँ करते हैं उन्हें कोई पाप नहीं लगता?

फिर तुमको खाविंद के मरने के बाद शादी करने से क्यों पाप लगेगा? पाप-पुण्य का ताल्लुक दिल से है, जिस्म से नहीं। जब आप बदकाम करती हैं, बेशक पाप होता है। अव्वल चोरी, दूसरा खून, तीसरा लोगों को रंज देना, चौथा अपने दिल को बेकरार रखना और तरह-तरह के आजाब देना पाप है। और यही सजा पापों की परमेश्वर की तरफ से है कि अपने दिल को पल भर भी चैन नहीं मिलती। जब शादी कर लेगी तब परमेश्वर खुश हो तुम्हें सारी उम्र खुश रखेगा। जो काम हम किसी की

---

1. अपठित

चोरी से करना चाहे सो कुदरत की ही तरफ से हमारे दिल में एक तरह का खौफ पैदा होगा। जब उसी काम को हम जाहिर में करते हैं तब दिल को बेखौफी, खुशी, एक तरह की हिम्मत हो जाती है। जब आप सत्य बोलोगी, सत्य काम करेंगी, तब खुद-ब-खुद दिल को ऐसी खुशी होगी जो बयान से बाहर है।

लोग तुमसे आप ही खुश हो जाएँगे और एक तरह का आनन्द आत्मा को पहुँचेगा। इसी तरह से शादी करने से परमेश्वर की खुशी तुम पर जाहिर होगी। सत्य पुण्य, असत्य पाप है, और कोई पाप-पुण्य नहीं है। शादी करना सत्य, बदकाम करना असत्य है। शादी करने से परमेश्वर खुश, बदी करने से नाखुश होता है। बस, तुम वही काम करो जिससे परमेश्वर खुश हों और आपको आराम मिले।

नम्बर 16

विधवा की दूसरी शादी

मनुस्मृति में लिखा है—जब ब्रह्मा ने ब्राह्मण, क्षत्रीय, वैश्य, शूद्र सबको पैदा कर लिया तब अपने बदन के दो भाग किए। एक से स्त्री, दूसरे से पुरुष बनाया।

अगर यही एक जिस्म औरत मर्द का माना तब तो एक दूसरे के बगैर रहना ही असंभव है। यह ऐसी प्रकृति इन्सान हैवान की है कि बेइख़्तयार दिल एक दूसरे की तरफ कशिश करता है।

तमाम दुनिया के आदमी इस पर अमल करते हैं। अफसोस है कि हिन्दुस्तान की औरतें इस कानून से बाहर हैं! जब एक ही बदन से पैदायश है दोनों के अधिकार बराबर होने चाहिए। न आधे को कुल मुख़्तार, आधे को मजबूर किया जावे। बल्कि आधा आधे की फरमाबरदारी करे। यह इन्साफ नहीं कि आधा जिस्म मर्द का औरत के मरने से दूसरी शादी कर सके और आधा जिस्म औरत का शादी बगैर जेलखाने में मार दिया जावे। फिर मनु जी कहते हैं—"शील से रहित हो, या दूसरी औरत से प्रीत रखता हो, या गुण हीन हो तो भी सदा नेक स्त्री को देवता की मानिन्द पति की सेवा करनी चाहिए।"

इससे तो मनु जी की बिल्कुल खुदगर्जी पाई जाती है। जब मर्द अपनी स्त्री को प्रेम तो दरकिनार रहा गैर मर्द से बात करते देखते ही गला काटने को तैयार हो जाते हैं, तब स्त्री क्योंकर देवता के समान पूज सके? जबर्दस्ती और चीज है। क्यों ना हो—मनु जी भी हिन्दी मर्दों के दादा परदादा गुरु थे। फिर लिखा है—"पति लोक की इच्छा करने वाली स्त्री मरे बाद पति के बरखिलाफ ना करे। एक के मरने से दूसरे का नाम भी न ले। थोड़ा आहार खा कर वक्त को तमाम करे। ब्रह्मचर्य धारण करे। जो स्त्री दूसरे से प्रीत रखती है वह इस लोक में निंदा होती है, और दो पति वाली कहलाती है, और परलोक में पति लोक को नहीं पाती।" साध्वी स्त्री को दूसरा भर्ता किसी शास्त्र में नहीं लिखा।

पति लोक की तो खबर नहीं, कहाँ है? किस विलायत में है? कितनी दूर है? मगर आज कल के जमाने में जो औरत एक के मरने से दूसरी शादी नहीं करती बेशक आराम में रहती है, उनकी बनिस्पत जो शादी कर मार-पीट और बहुत बातों से पछताती हैं।

यह सरासर जुल्म है कि पति के पीछे थोड़ा खा कर वक्त काट दे। मर्दों को नहीं लिखा। बेशक, अगर हो सके तो वक्त को दुनिया के फायदे में गुजरावे, नहीं दूसरी शादी कर ले। मनु जी कहते हैं कि अपनी स्त्री के पास जाने से ब्रह्मचर्य नहीं टूटता और यह मसल भी मशहूर है कि 'एक नारी सदा जती, एक आहारी सदा व्रती।' यह कहीं नहीं लिखा कि पहली विवाहिता से ब्रह्मचर्य नहीं टूटता दूसरी से टूटता है। एक की जिन्दगी में दूसरी ना हो, मरने से दूसरी हो, तब धर्म नष्ट नहीं होता। फिर औरतों को मरे हुए खाविंद के पीछे दूसरी शादी करने से ब्रह्मचर्य क्यों टूटेगा? जो औरतों की ऐन जिन्दगी में दूसरी से प्रीत रखते हैं, बल्कि घर में दस-दस सौत छाती पर बिठाते हैं, उनकी कोई निन्दा नहीं करता। फिर रांड औरतों की दूसरी शादी होने से क्यों निन्दा होगी? जब मर्द हजारों स्त्री वाले कहलाए, तब स्त्री दो पति वाली कहलाए तो क्या हर्ज है? मालूम होता है कि यह श्लोक मनु जी का नहीं, किसी पंडित का बनाया है क्योंकि मनु जी लिखते तो महाभारत को देख के लिखते। और शास्त्र में दूसरा पति स्त्रियों को नहीं लिखा, उसका यह जवाब है: किसी आदमी ने एक शेर की तस्वीर देख के कहा—"देखो, आदमी कैसा जोरावर है— शेर की गर्दन हाथ में और पाँव छाती पर, कैसी सूरत से शेर को कैद किया है।" शेर ने जवाब दिया कि इसका मुसव्विर आदमी था। अगर शेर होता तो आदमी की छाती पर पाँव और मुँह पर पँजा होता। और पति लोक तो चाहे साध्वी स्त्री हो और चाहे व्यभिचारणी, कोई नहीं पा सकती। जब दुनिया में एक पलंग पर एतबार न था, पित्र लोक में मुद्दत से जुदा होगी। फिर तुमने यह बात नहीं सुनी कि औरत चाहे खालिस सोने की तरह हो उसका एतबार न करना चाहिए? बस, तुम्हें पति लोक की उम्मीद न करनी चाहिए। वहाँ हर्गिज घुसना ना मिलेगा, चाहे कितना ही ब्रह्मचर्य धारण कर भूखी मरो।

याज्ञवल्क्य मुनि कहते हैं—"जिसका पति मर जाए तो उसे देवर यानी दूसरे से शादी करनी चाहिए।"

पराशर मुनि कहते हैं—"पति कहीं चला जाए, उसका पता न मिले, मर जाए, सन्यासी हो जाए, नपुंसक हो जाए, पतित हो जाए—इन पाँच हालत में स्त्रियों को दूसरी शादी कर लेनी चाहिए।"

याज्ञवल्क्य मुनि कहते हैं—"पति को असाध्य बीमारी हो, महापातिक हो, तो उसकी शुद्धि तक आसरा देखें, यानी बीमारी के दूर होने तक। फिर दूसरी शादी कर ले।" बेशक यह ठीक है क्योंकि मर्द जब स्त्री को असाध्य बीमारी, उसकी ऐन बीमारी

में ही दूसरी सौतन ला बिठाते हैं, या बंध्या का बहाना कर दूसरी शादी कर लेते हैं स्त्रियों को भी इसी आईन से दूसरी शादी कर लेनी चाहिए। मगर मेरी समझ में यह बिल्कुल बेरहमी है और निहायत बेवफाई का काम है कि जब तक औरत मर्द तन्दुरुस्त रहें, साथ रहें, और जब किसी तरह की आफत आवे या एक को बीमारी हो तब तो एक दूसरे का साथ छोड़ दे। नहीं, हरगिज ऐसा न करना चाहिए। जब तक हर दो से हर एक के दम बाकी है, साथ रहें, जब परमेश्वर जुदा करे, अखत्यार है दोनों को चाहे शादी करें चाहे न करें। फिर लिखा है—"पति परदेश में चला जाए तो ब्राह्मणी को आठ वर्ष इन्तजार करना चाहिए और सन्तान न हुई हो तो चार वर्ष, उसके पीछे दूसरा पति कर ले। क्षत्रिया छह वर्ष, सन्तान न हो तो तीन वर्ष। वैश्या चार वर्ष, पुत्र न हो तो दो वर्ष। शूद्रा को इन्तजार की कोई हद मुकर्रर नहीं, जब चाहे दूसरा पति कर ले।"

यह ठीक इन्साफ है, मगर ब्राह्मणी, क्षत्रिया, वैश्या, शूद्रा में जो फर्क किया है, यह नहीं होना चाहिए। आज के वक्त में मर्द एक हफ्ते सब्र नहीं कर सकते अगर औरतें इतनी मुद्दत बाद करें तो क्या हर्ज है? (देखो मिताक्षरा में) जब जीते खाविंद की जिन्दगी में दूसरी शादी लिखी है तब मरे पर किस तरह रहा? (महाभारत में देखो) अगर दूसरा पति ही स्त्रियों के लिए नहीं तो महाराज पाण्डु कैसे पैदा हुए? फिर अर्जुन, युधिष्ठिर, भीम सेन कहाँ से आए? अगर धर्म शास्त्र में नहीं लिखा तो उन लोगों ने कैसे किया? मालूम होता है यह धर्म शास्त्र पीछे बना है पुराना नहीं है। फिर नाग राजा की लड़की जब विधवा हुई, दूसरी शादी अर्जुन से हुई। फिर चित्रांगदा की भी दूसरी शादी अर्जुन से हुई। बस, विधवाओं की दूसरी शादी होनी धर्म शास्त्र से दुरुस्त है। यह ख्वाहिश औरत मर्द में कुदरत की तरफ से है, आदमी की बनाई नहीं। अगर परमेश्वर की मर्जी होती कि एक खाविंद के मरने से औरत दूसरी शादी न करे तो उसके साथ ही उसकी ख्वाहिश भी मर जाती। नहीं, बराबर देखने में आता है—खाविंद के मरे पीछे यह ख्वाहिश आ सताती है। बस, इसमें परमेश्वर की मर्जी साफ पाई जाती है कि औरतें दूसरी शादी कर लें। एक-दो खाविंद के मरने से नहीं, बल्कि जब तक ख्वाहिश बाकी रहे चाहे पचास खाविंद मरें बेशक शादी कर लो।

फिर जब किसी का खाविंद मरता है, स्त्री धर्म यानी ऋतु बराबर महीने-महीने होती है। यहाँ भी परमेश्वर का हुक्म है। संतान होने की उम्मीद है। जो लोग इस बात को न पसंद करते हैं बेशक वह परमेश्वर की अदूल हुक्मी करते हैं और उसकी दुनिया के ज्यादा होने में खलल डालते हैं। परमेश्वर ऐसे लोगों से जरूर बदला लेगा और उनको भी वही पाप लगेगा जो कन्या के हर ऋतु में माँ बाप को आत्मघात का लगता है। वे बहुत आदमी जिनसे इस नाकिस रिवाज तोड़ने की बाबत कहा जाता है वह जवाब देते हैं—यह रस्म सतयुग में होती थी कलियुग में नहीं हो सकती। सतयुग में चारों पाद धर्म था। लोग सच बोलते थे। ये ब्रह्मचर्य वगैरह करते थे।

उस वक्त ऐसे रिवाज को पसंद किया। कलियुग जिस में एक हिस्सा भी धर्म नहीं रहा (..........)[1] में यह रिवाज बन्द हुई। बड़े ताज्जुब की बात है कि पुराधर्मी सतयुग के आदमी इस रिवाज को करें और कलियुग में रो के जावें। जहाँ की (.......)[1] हो यह कलियुग है। तुम जानते हो–इसमें अधर्म ज्यादा होता है धर्म कम। फिर धर्म बता के तुम लोग बेवाओं को बगैर शादी बिठा रखते हो और फिर धीरज की उम्मीद करते हो।

महाभारत में भीष्म ने कहा है कि जैसा राजा रहता है वैसा ही युग होता है। अगर राजा जालिम है तो कलियुग है, अगर धर्मात्मा न्यायकारी है तो सतयुग है। मुसलमान जमाने के वक्त में बेशक कलियुग था लेकिन अब श्रीमती विक्टोरिया महारानी का राज है जिसमें इन्साफ सूर्य की (.....)[1] चमक रहा है। जहाँ इन्साफ है वहीं सतयुग है, जहाँ जुल्म है वहीं कलियुग है। और कहीं (.......)[1] सतयुग कलियुग नहीं। जो लोग सतयुग में इस रिवाज को मानते हैं, इन्हें चाहिए (....)[1] और नहीं, जैसे मर्दों का भी रोको। क्या कलियुग औरतों के ही वास्ते जन्मा है?

---

1. अपठित

नम्बर 17

एक निहायत दर्दनाक विधवा औरत का हाल

हिन्दुस्तान में किसी अमीर की एक लड़की थी। नाम उसका पार्वती था। खूबसूरती में पार्वती से भी बढ़कर थी। पाँच वर्ष की न होने पाई कि उसकी माँ मर गई। बाप ने दो महीने बाद दूसरी शादी कर ली। जब वह सात वर्ष की हुई बाप ने किसी अमीर का लड़का तलाश कर उसकी शादी कर दी। शादी को दो महीने न गुजरने पाए थे कि लड़का चेचक की मर्ज से मर गया। उस बेचारी की तमाम उम्र खराब कर गया। पार्वती की इस कद्र छोटी उम्र देख हरेक को बड़ा रंज होता था, मगर लड़की खाविंद के नाम से भी वाकिफ न थी।

जो इसको देख कर रोता था यह उसके पास तक न जाती, बल्कि बड़ी खफा हो कर कहती—"मैंने तुम्हारा क्या बिगाड़ा है जो मुझे देख कर रोती हो?" बड़ी खुशी से हँसती-खेलती खाती-फिरती थी। रंज का नाम भी न जानती थी।

नहीं जानती थी कि यह मुसीबत का पहाड़ मेरे ही ऊपर गिरा है। यह दुःखों का घोर समुद्र मेरे ही आने वाले रास्ते में लहरे मार रहा है।

इस अर्से में बाप की दूसरी औरत भी मर गई। चार महीने बाद बाप ने तीसरी शादी कर ली।

लड़की की उम्र अब तेरह वर्ष की थी। अब देखिए उस बुड्ढे की उम्र और उस लड़की की।

अठारह वर्ष तक उसने अपना धर्म संभाले रखा। आखिर लाचार। परमेश्वर ने यह चीज इन्सान, हैवान, नर, मादा सब में ऐसी पैदा की है कि कोई आदमी इससे छूट नहीं सकता, और सिवाय इसके, इस जवानी में इसकी ज्यादा ख्वाहिश होती है। जब से दुनिया पैदा हुई कोई ऐसा आदमी या देवता नहीं हुआ जिसने जवानी में इसके जोश को संभाला हो। इसके पैदा करने की यही मुराद थी कि दुनिया ज्यादा हो। यह उसकी मुराद न थी कि एक के मरने से औरत या मर्द सारी उम्र बगैर एक दूसरे के बैठा रहे।

जब साठ वर्ष का बूढ़ा अपनी इन्द्रियाँ नहीं रोक सकता तब यह लड़की जिसकी कि जवानी ने आँखें अंधी कर दी हैं, कब रोक सकती है? फिर कोई हथियार न था उसके पास इसके रोकने को। न कुछ इल्म रखती थी, न किसी नेक अशराफ की सोहबत। न हकीमों ने कोई ऐसी दवा ईजाद की है। बस, वजुज खौफ बाप के और किसी तरह का डर न था।

आखिर एक नौकर से खराब हुई। लेकिन इसको खराब होना न कहना चाहिए। आदमी की भूख और रंज के वक्त सब्र और शर्म दोनों रुखसत हो जाती हैं। ऐसे वक्त अगर मेहतर का खाना मिले वह भी रवा समझता है। किसी ने उसके बाप से खबर की कि फलाने नौकर से तुम्हारी लड़की खराब है। यह अक्ल का दुश्मन सुनते ही आग की मानिंद भड़क उठा। बेवकूफ ने यह न समझा कि साठ वर्ष की उम्र हुई, चार शादियाँ कीं, और अभी ख्वाहिश बाकी है। तब यह लड़की जिसने खाविंद का मुँह भी नहीं देखा कैसे पारसा रहेगी? लड़की को बुला कर कहने लगा–"ऐ कम्बख्त, तूने मेरी इज्जत में खाक डाली, कुल का नाम डुबोया, तेरा मुँह देखना मुझे गँवारा नहीं, या तू ही इस दुनिया में रहेगी या मैं।" वह बेचारी मरने का नाम सुन काँप उठी–रोने लगी। हाय उस संग दिल बाप ने जिससे पदराना मोहब्बत बिल्कुल किनारा कर गई थी, हमजिन्सी दर्द भी जिसके दिल में न रहा था, दूध में जहर मिला लड़की से कहने लगा–"इसे पी ले।" रोती हुई लड़की ने इंकार किया। फिर दुबारा उस जल्लाद ने कहा और जबर्दस्ती करनी चाही। जब लड़की ने देखा कि यह जालिम नहीं मानेगा काँपते और रोते हाथ जोड़ कर आपको उसके पाँवों में गेरा और बड़ी आजजी से कहा–"मुझे घर से निकाल दो। किसी पहाड़ या जंगल में छोड़ दो। वहाँ मैं आप ही मर जाऊँगी। मगर इस तरह की मौत से मुझे माफ कर। मैं फिर कभी ऐसा काम न करूँगी। एक दफा माफ कर दे। क्या मैं तेरी वह लड़की नहीं जिसे तुमने माँ के मरने से बड़ी तकलीफों से पाला था? अब अपने ही हाथ से उसका काम तमाम करना चाहते हो।" बाप ने झिड़क कर कहा–"नहीं, तू अब मेरी लड़की नहीं बल्कि मेरी दुश्मन है। मैं तुझे इस दुनिया में नहीं छोड़ूँगा–बल्कि मौत के चंगुल में छोड़ूँगा।"

जब उसने अपने जीने की कोई सुरत न देखी तब कहा–"अच्छा कल पीऊँगी।" आखिर खूनी जोश ने एक दिन की जिन्दगी उस जल्लाद से बख्शवाई।"

सुबह होते ही हाय वह दुनिया से बेवक्त जाने वाली पार्वती अपनी सहेलियों से मिलने लगी! हर एक के घर जा कर मिलती और यों कहती थी :

हो चुका आज जो कि था होना,
कल बसावेंगे कब्र का कोना।

देख लो आज हम को जी भर के;
कोई आता नहीं है फिर मर के।

कोई दिन हम तो याद आवेंगे;
आखिर हर कोई हमको भूल जावेंगे।

बेगुनाह जाती हूँ मैं दुनिया से;
जाके आती नहीं मैं दुनिया से।

फिर यह सूरत नजर न आएगी;
कोई दम है कि राख होवेगी।

आज तुमसे जुदा मैं होती हूँ;
हाय इस नफस से हलाक होती हूँ।

चैन दिल को न आवेगा तुम बिन!
यहाँ के बिछड़े मिले नहीं कोई दिन।

"देख लो प्यारी बहनो, फिर मैं तुम्हें दिखाई न दूँगी। कोई दिन में खाक का ढेर हो जाऊँगी। यही आखिरी मुलाकात है," हर एक गले से लग लग के रोती थी। जो कोई रोने का वाइस पूछती बाप के खौफ से खामोश हो जाती थी। तमाम दिन रोने में गुजरा। गोया, यह उसके लिए कयामत का दिन था। जब रात हुई तब फिर वह उसका जानी दुश्मन बाप जहर का प्याला ले आया। लड़की ने फिर भी इंकार किया। यह जिन्दगी ऐसी अजीज है, इन्सान को चाहे कितनी ही तकलीफ हो, चाहे बीमारी से नाक में दम आ जाए, तब भी यही कहता है—कोई बचा ले, कोई रख ले। यह दुनिया ऐसी चीज है, चाहे हजार वर्ष इसकी लज्जतें उठावें फिर भी मरने को तबीयत नहीं चाहती, और खास करके जवानी में तो परमेश्वर किसी को मौत न दे। जब बाप ने देखा कि यह न पीएगी तब तो धमका कर कहा—"अगर यों नहीं पीती तो मैं और तरह तेरा काम तमाम करूँगा। तलवार से, छुरी से, आज ही गला काट दूँगा।"

लड़की ने कोई सूरत अपने बचने की न देखी। लाचार हो पी लिया। बाप का कलंक छूटा। आप मौत के बिस्तरे पर आराम किया। बाप ने और लोगों में मशहूर कर दिया कि लड़की हैजे से मर गई। क्या इस लड़की को कोई बदमाश कह सकता है? नहीं, बेशक बेवकूफ थी। अगर अक्लमंद होती, सरकार में इत्तिला दे दूसरी शादी कर तमाम उम्र आराम से बसर करती। अगर बदमाश होती बाप की मुरब्बत हर्गिज न करती। फौरन घर से निकल अमृतसर के चकले में बैठती।

हाय, उस बेरहम बाप के दिल में परमेश्वर का खौफ भी न आया! एक उसकी ख्वाहिश को रोका, दूसरे जहर दिया। परमेश्वर के सामने क्या मुँह दिखावेगा?

यह किताबी जिक्र नहीं—यह एक बड़े खानदान की लड़की का हाल है। आगे तो तमाम हिन्दुस्तान में ही ऐसा करते थे। मगर अब अँग्रेजों के खौफ से जाहिर नहीं मार सकते। अब भी चोरी-चोरी, जहाँ तक जिसकी जितनी पेश जाती है, काम ही तमाम कर देते हैं। और साबित तो जिब्रईल आवे तो भी नहीं कर सकता क्योंकि इनका बड़ा भारी दोस्त हैजा है जो फाँसी चढ़ने से बचा लेता है।

नम्बर 18

पुरुष की हर रोज की मार खाने से रांड रहना अच्छा है

आजकल के जमाने में जिसका एक खाविंद मर जावे मेरी राय में उसको दूसरी शादी न करनी चाहिए। मगर बदमाशी करने से दूसरी शादी करनी बेहतर है। शादी से बड़ी-बड़ी तकलीफें उठानी पड़ती हैं। एक तो बड़ी भारी यह खराबी है कि पहले खाविंद की औलाद को दूसरा खाविंद नहीं देख सकता जैसे सौत-सौत की औलाद को नहीं देख सकती। फिर जो पहले खाविंद का रुपया होता है उसे भी उसके रिश्तेदार छीन लेते हैं। औलाद इससे भी महरूम रहती है। फिर उनकी परवरिश अच्छी तरह नहीं करता, न उनको अपनी औलाद के बराबर चाहता है। बस, यहाँ भी सिवा रंज के कुछ हासिल नहीं होता। फिर इस जमाने में हजार में दस होंगे जो एक-दूसरे से खुश रहते हों, नहीं सब जूतीबाजी का तमाशा पड़ोसियों को दिखाया करते हैं। फिर कोई ऐसा तलाश नहीं हो सकता जो रंडी बाज, लौंडी बाज, जुआ बाज न हो। शादी करने की खुशी तो इसी से काफूर हो जाती है और दिल जलाना पड़ता है। अगर कहो, नए फैशन के अच्छे अशराफ आदमी हैं, बेशक हैं। फिर तुम्हें क्या? उनकी तो अँग्रेजी लेडी मंजूर नजर है। जहाँ बी. ए. पास कर एम. ए. पर पहुँचे, फिर काली औरत किसको पसन्द आती है? फिर तो लंदन को हर वक्त तार जाती है। जब तक लंदन में तालीम न पाओ, बदन की स्याही दूर न करो, नए फैशन के मंजूर नजर कब हो सकती हो?

फिर शादी करने से अपने अखत्यारात दूसरे के अखत्यार में देने पड़ते हैं। जब आपने जिस्मी अखत्यार दूसरे को दिए तब दुनिया में अपनी क्या चीज बाकी रही? अगर इस दुनिया में कुछ खुशी है तो उन्हीं को है जो अपने तईं आजाद रखते हैं। हिन्दुस्तानी औरतों को तो आजादी किसी हालत में नहीं हो सकती। बाप, भाई, बेटा, रिश्तेदार—सभी हुकूमत रखते हैं। मगर जिस कद्र खाविंद जुल्म करता है उतना कोई

नहीं करता। लौंडी तो यह सारी उम्र सब ही की रहती है पर शादी करने से तो बिल्कुल जरखरीद हो जाती है। इस दुनिया में चाहे बादशाहत की नियामत मिले और आजादी न हो, नर्क की बराबर है। आजादी में चाहे तीन दिन बाद रोटी मिले स्वर्ग से भी ज्यादा आराम है, जैसा रामायण में लक्ष्मण ने कहा है–"पराधीन सपनेहुँ सुख नाही, आँख पसार देख जग माही।" पराधीन आदमी को ख्वाब में भी आराम नहीं मिल सकता है।

नम्बर 19

आजकल औरतों की गुजरान

पहले तो खाविंद की माँ बहन ही चैन नहीं लेने देतीं। हर वक्त ताने दिया करती हैं। यह विवाहिता नहीं धरेल है। ऐसी बहुत फिरा करती हैं। जिसने एक के करने से दूसरा किया उसका क्या एतबार है?

वाह री औरत तेरा दीदा, एक मरा तो किया दूजा।
जब औरत एक से खिसी, जैसे सत्तर वैसे अस्सी।

फिर तमाम घर की खिदमतें करे तब रोटी खाने को मिलती हैं। अगर खाविंद हुक्का पीता हो तीन बजे उठ कर हुक्का भरना होगा। चाहे कितनी ही सर्दी पड़ती हो मगर तुम्हें जरूर उठना है। अगर लाला साहब कहीं नौकर हो तो नौ बजे खाना तैयार करना पड़ेगा। वह खाना खा दफ्तर को जाते हैं या अपने और किसी काम को। अब अपना हाल सुनिए। दो-चार लड़के अपने, दो-चार पहले–कोई रोता है, कोई रोटी माँगता है, कोई मैले में लिसा पड़ा है।

तीन घण्टे उन्हीं की खिदमत में लग गए। अभी तक अपने नहाने-खाने की कुछ खबर ही नहीं। इतने में एक बजा। अब झटपट उठ दो-एक लोटा पानी बदन पर डाला। पाँव सूखे हैं। पीठ भीगी ही नहीं। आँखें सफा हुईं ही नहीं। जल्दी से उठ एक आधी रोटी बड़े-बड़े लुकमें खाए। मारे जल्दी के हलक में अटकते जाते हैं। आँखें निकली आती हैं। उधर मारे खौफ के कलेजा धड़क रहा है। अगर तीन बजे आते ही खाना तैयार न हुआ तो खुदा जाने क्या हाल करें। खाना हो रहा है, इतने में लाला साहब भी आ पहुँचे। दो-चार गाली दीं। दो-एक लात मारीं। झिड़क के बैठ गए। बीवी मारे डर के हुक्का भर लाई। पंखा हिलाने लगी। पाँव दबाने लगी। आप खाना खा सैर को गए। तुम्हें फिर वही लड़कों की खिदमत। अब दरवाजा खोले इन्तजार कर रही है–कब आवे, कब आराम करे। दस बज गए हैं, नींद आ रही है मगर जरूर

दरवाजा खोले बैठी रहो। ग्यारह-बारह बजे आप तो आए नहीं, तमाम रात जागना पड़ा। अगर इस हालत में कुछ कह बैठी तो वही हालत किया जैसा चोरों का कोतवाल के हुक्म से मेहतर करते हैं। और बहुत-बहुत तकलीफें उठानी पड़ती हैं। यह सिर्फ जाहिरी बातें हैं। अगर कोई कहे, गरीब घरों में यह हालत होती है अमीरों के घरों में नहीं, हिन्दुस्तान में बादशाह अमीर गरीब औरतों के हक में सब एक ही माफिक हैं।

आदमी को न चाहिए कि एक इन्द्रिय के पीछे सारी इन्द्रियों को जिस्म समेत तकलीफ में डाले। यह लिखा है—जहाँ एक गाँव के पीछे राज्य को तकलीफ हो उसे त्याग दें—जहाँ कुटुम्ब के पीछे गाँवों को दुःख पहुँचे उस कुटुम्ब को छोड़ दें—जहाँ एक मित्र के पीछे कुटुम्ब को तकलीफ हो उस मित्र का त्याग करें—जहाँ एक इन्द्रिय के पीछे सारा जिस्म तकलीफ में पड़े ऐसी इन्द्रिय के विषय का जरूर त्याग कर दें।

फिर यह काम इन्द्रिय ऐसी खराब है। गोया तमाम तकलीफ इससे पैदा होती हैं। जब यह इन्द्रिय अपनी तरफ खींचती है आदमी अक्लमंद भी बेवकूफ बन जाता है। आँखों से देखता हुआ अन्धा हो जाता हैं। कानों से सुन कर भी बहरों की मानिन्द बन जाता है। जिरा ऐब के न करने को औरों को नसीहत करता है उस वक्त खुद वही काम करता है; जिन कामों को यह गलीज ख्याल करता है इसके जोश में खुद गलीजी की तस्वीर बन जाता है; चाहे कितना ही बलवान हो निर्बल हो जाता है। इसी के पीछे सबकी गुलामी करता है। इसी के पीछे दुनिया से बगैर मौत चल देता है। इसी के पीछे अपनी इज्जत का कुछ ख्याल नहीं करता। इसी के पीछे अपना तन-मन-धन लुटा सबका मोहताज बन जाता है। चाहे बादशाह हो, कामी बस सबका गुलाम बनेगा। इसी एक के अधीन होने से सबका अधीन होता है।

यह इन्सान का बड़ा भारी दुश्मन है। जहाँ तक हो सके इस ख्वाहिश को रोके कि जितनी ख़ुशी इसको रोकने में हैं उतनी इसके पूरा करने में नहीं। जब आदमी इसको वश करता है—चेहरे पर रौनक, रूह में हौसला, बदन में ताकत, चाल-चलन में सफाई, दुनिया में इज्जत। बड़े-बड़े ऋषि मुनियों ने इसी के वश करने से परमेश्वर को पाया है और इसी के वश करने से ब्रह्मचारी ब्रह्म को पहचानते हैं। इसी के वश करने से विद्यार्थी विद्या के कमाल को पहुँचते हैं। इसी के वश करने से आसमान में उड़ने की ताकत लिखी है। इसी के वश करने से दूसरों को वश कर सकता है। इसी के वश करने से औरों के दिल का हाल मालूम कर सकता है। इसी के वश करने से उम्र ज्यादा होती है। हाफजा कवि होता है। गरज कि तमाम दुनिया की ख़ुशी इसके वश करने से मिलती है। अगर कोई कहे—शादी किए बगैर दुनिया की लज्जत नहीं मिलती, बस जिसमें एक आराम हजार तकलीफ हों, उससे दरगुजर करना चाहिए।

देखो, पुरानी किताबों में लिखा है—अगर तेरी आँखें तुझे ठोकर खिलावें उसे

निकाल डाल। इससे अंधा होना अच्छा है कि दोनों आँखें रहते तेरा सारा बदन जहन्नुम की आग में जलाया जावे। अगर तेरा हाथ तुझे ठोकर खिलावे काट डाल–कि इससे टूँटा होना अच्छा है कि दोनों हाथ रहते सारा बदन जहन्नुम में पड़े। अगर पाँव तुझे ठोकर खिलावे उसे काट डाल क्योंकि लँगड़ा रहना बेहतर है कि दोनों पाँव रहते सारा बदन जहन्नुम में जावे।

तुमने खूब देखा होगा, जब किसी औरत का खाविंद मर जाता है, दो-चार महीने बाद चाहे कितना ही गम करती हो, इसमें एक तरह की चालाकी होशियारी आ जाती है। फिर कुछ दिन बाद उसके चेहरे पर एक किस्म की चमक आजादी की जाहिर होती है जो कि खाविंद वालियों के चेहरे पर नहीं होती। इसको भी लोग एक तरह का ऐब समझते हैं कि रांड को रंडापा चढ़ता है। तुम खुद गौर करने से सोच सकती हो कि रंडापा क्या चीज है। ताकतों का जाया न होना इसी का नाम रंडापा है। और यह भी लोगों में बहुत मशहूर है कि रांडें सांड हो जाती हैं। उन्हें मौत नहीं आती। इनकी दूनी उम्र हो जाती है। खाविंद की बाकी उम्र भी इन्हीं को लग जाती है।

हकीकत में यह बात सच है। रांडें कम मरती हैं मगर वही जो काम को वश करती हैं, वह नहीं जो खुद इसके वश में हो जाती हैं।

पहले जोश में आ कर शादी कर लेती हैं। मगर पीछे हर एक को रोते ही देखा। अफसोस आता है उनकी अक्ल पर! जब एक दफा उस काम में दुःख उठाया, फिर दोबारा अपने ऊपर वही बला लाई। पुनर्विवाह करने की इच्छा करने वालियों को याद रखना चाहिए कि हमें भी शादी करने के पीछे इन्हीं के मानिन्द रोना पड़ेगा। जहाँ हजार लाख करोड़ को ठोकर खाते देखा, हमको न चाहिए कि हम भी अन्धों की माफिक अपने तईं गिरावें नहीं बल्कि देख के कदम रख उसको जीत लेवें।

बस, इस आजादी को गनीमत समझ अपने तन-मन-धन को पर-उपकार में लगाओ। उसमें सिर्फ एक इन्द्रिय को खुशी होगी और इसमें अपने आत्मा को आनन्द और गैरों की इन्द्रियाँ सुख पा कर आशिष देंगी।

हे प्यारी बहनो, वही काम करो जिससे तुम्हें इस दुनिया में सुख मिले। बड़े भारी दुःखों की जड़ काम है। पहले काम को रोको। इसके रोकने की यह अच्छी तजवीज है कि जब इसका ख्याल पैदा हो तब इसके दुःखों का ख्याल करो।

बहुत खाने से सुस्ती पैदा होती है। सुस्त बैठने से बदख्याल पैदा होते हैं। बस सुस्त मत बैठो। हर वक्त अपने तन-मन को नेक कामों में लगाए रहो। बदों की सोहबत में कभी मत बैठो। चाहे कितना ही बड़ा मजबूत दिल हो जो बदों की सोहबत में बैठता है जरूर बदी करेगा। अगर खुद न करेगा तो बदी करने वालों को भी बुरा न कहेगा। अगर्चे दूर से साँप नहीं काट सकता पर फुंकार से भी डर मालूम होता है। गुणी के पास जाने से आदमी में गुण पैदा होता है। मूर्ख के पास जाने से दोष हो जाते हैं जैसे दरियायों का मीठा पानी समुद्र में जाने से खारी हो जाता है।

नम्बर 20

रांडों पर सितम

हिन्दुस्तान में जब किसी औरत का खाविंद मरता है उस बिचारी की बहुत बुरी दुर्दशा करते हैं। मगर पंजाब में यह दस्तूर नहीं है। हिन्दुस्तानी औरतों का हाल लिखती हूँ।

सब कौमों से कायस्थों की कौम में बहुत सख्त दस्तूर है। जिस वक्त खाविंद का दम निकला इसे भी यमदूत लेने आते हैं। वह तो दुनिया के दुःखों से छुटाते हैं पर यह दुनिया के दुःखों में डाल मुर्ग नीम बिस्मिल की तरह तड़पाते हैं। उसी वक्त दो चार नायन आ चिमटती हैं। रिश्तेदारों में से कोई नजदीक नहीं आती। बस, बहुत बुरी तरह से उसका जेवर उतारती हैं। चाहे बाँह में जख्म हो जाए मगर काँच की चूड़ियाँ पत्थर से फोड़ी जाती हैं और कान, नाक, गले, बाँह, पाँवों में से सब खींच कर झटपट जेवर उतार लेती हैं। चाहे सात वर्ष की लड़की हो, खाविंद का नाम भी न जानती हो, इस वक्त उसका भी रहम नहीं करतीं। फिर जब उस मुर्दे को उठा ले जाते हैं उसी वक्त पीछे-पीछे दरिया पर नहलाने को ले जाती हैं—कि सब औरतों से अलग पचास कदम के फासले पर दो नायनें साथ ले चलती हैं। एक नायन आगे रास्ता बचाती जाती है कि कोई खाविंद वाली इसका साया न ले, न इसका मुँह देखे। इनके ख्याल में है कि जो रांड का साया लेगी वह भी रांड हो जाएगी। इस वक्त चाहे सगी माँ बहन हो परछाँवा तो लेना दर किनार, उसके साए को भी नहीं देखतीं। इसी हालत से मुँह लपेटे दरिया तक जाती हैं। दरिया या तालाब पर सबसे दूर जगह, यानी पानी में जा कर धक्का दे देती हैं। चाहे सिर फूटे चाहे मुँह। कपड़ों समेत जब तक सब नहीं नहा लेतीं यह पानी में पड़ी रहती है। जब सब नहा कर रवाना हुईं, यह उन्हीं गीले कपड़ों से उसी माफिक सबके पीछे घर लाई जाती है। चाहे हिमालय की बर्फ पड़ती हो दूसरा कपड़ा हर्गिज नहीं मिलता। उन्हीं गीले कपड़ों समेत अलग एक गोशे में बिठा दी जाती है। हलाक करने में कुछ कसूर नहीं रहता। इस तकलीफ

से सती होने का अच्छा रिवाज था। तड़पा कर मारने से बहुत औरतें मर जाती हैं। इसी हालत में सन्निपात हो जाता है। मैंने खुद अपनी आँखों से इस हालत में एक औरत को मरते देखा है।

आगरा में एक औरत खाविंद के मरने से पहले कुछ बीमार थी। जब खाविंद मरा कमजोरी के वाइस दरिया पर न जा सकी। उसकी सास ने अलग उसकी खाट डाल दी। भिश्तियों को बुला मुश्कें उस पर छुड़वाईं और आप सब दरिया पर चली गईं। पीछे उसी हालत में उसका दम निकल गया। जब लोगों ने देखा कि यह मर गई खुशी से मशहूर किया कि सच्ची सती थी। खाविंद से बड़ा प्यार था। बहुत अच्छी अशराफ औरत थी। खाविंद के पीछे जीना नहीं चाहती थी।

खूब सती थी, अपने हाथ से मार देवें और लोगों में जाहिर करें, सती हुई!

मुझे एक दिन एक मातमी के घर जाने का इत्तिफाक हुआ। जब मुर्दे को उठा कर ले गए सब दरिया पर नहाने चलीं। दरिया शहर से तीन कोस के फासले पर था और मौसम भी ऐन गरम आषाढ़ का महीना था। वहाँ से वापस आते करीब तीन के बजे—सबका मारे प्यास के दम निकलता था। रास्ते में सबने पानी पिया मगर जिसका खाविंद मरा था वह मारे शर्म के पानी न माँग सकी। अगर पानी माँगती बड़ी कट्टर कहलाती, बल्कि बड़ी बदनामी होती, बल्कि गम न करने का इल्जाम उस पर लगाया जाता।

मारे प्यास के उसका गला खुश्क हुआ जाता था। कदम उठा नहीं सकती थी। आँखें निकली आती थीं। उधर नायनें जानवर की मानिंद घसीटे लिए जाती थीं। थोड़ी ही दूर चली होगी कि गश खा कर जमीन पर गिर पड़ी। नायन और सब औरतें दूर खड़ी हो कर तसल्ली के तौर से कहने लगीं—"होश करो, सबके साथ ऐसी होती आई है। न दो साथ पैदा हुए न दो साथ मरते हैं। बस सब्र करना चाहिए। घर बहुत दूर है, जल्दी चलो।" नायनें फिर उठा ले चलीं मगर पानी किसी ने मुँह में न डाला। बड़ी मुश्किल से घर के करीब पहुँची। यहाँ तक उसके होश उड़े कि कदम धरने की ताकत न रही। आखिर नायनों ने खींच-खाँच कर घर में डाला। अब प्यास के मारे तड़पने लगी मगर पानी अभी शर्म से नहीं माँगती।

और वहाँ किसकी ताकत थी जो उसके वास्ते पानी लाए क्योंकि बड़ी-बड़ी तजुर्बेकार बुजुर्ग औरतें बैठी थीं!

आखिर एक औरत ने जो इस बात को खूब जानती थी बड़ी जुर्रत से उठ कर पानी छिपा कर उसके पास गई। बस मैं उस वक्त की हालत का बयान नहीं कर सकती जैसी उसकी पानी को देख कर हुई थी। जैसे आदमी जल्लाद के हाथ से अपने बचाने वाले को देख कर भाँपता है उसी तरह उसने उसको पहचाना भी नहीं, दौड़ कर हाथ से पानी छीन लिया और पी गई। पानी पीते ही बदन में जान आई। आँखें खोलीं। घबरा कर उसके पाँवों में सिर धरा। और बड़ी आजजी से कहा—"ऐ बहन,

मैं तेरे अहसान को कभी न भूलूँगी, तैने मेरी गई हुई जान को फिर बदन में डाला। इस वक्त तू मेरे वास्ते दूसरा परमेश्वर हुई है। मगर जिस तरह तुमने यहाँ से मेरी जान को बचाया मैं उम्मीद करती हूँ कि लोगों की बदनामी से भी मेरी जान को बचाओगी। अगर कोई जान लेगा कि इसने दिन में पानी पिया मुझे बहुत बुरा कहेंगे। बस, मैं चाहती हूँ कि आप किसी से इसका जिक्र न करें।" उस बीवी ने बहुत तसल्ली दे कर कहा– "आप खातिर जमा रखें। मैं किसी से जिक्र न करूँगी।"

यब सब हिन्दियों में दस्तूर है कि जिनका कोई मर जाता है वे तेरह दिन तक न दिन में खाना खाते हैं न पानी पीते हैं। जिसका खाविंद मरता है उसे वर्ष, बल्कि चार वर्ष तक ऐसा करना पड़ता है और नजदीक के रिश्तेदार भी कुछ दिन तक ऐसा करते हैं।

फिर जब वह अलग कोने में मुँह ढक कर बिठा दी जाती है उसके पास कोई नहीं जाती, ना कोई उससे बात करती है। दिन भर उसी जगह बैठी रहती है। रात को जब सब औरतें अपने घर चली जाती हैं, इसे तब भी अगर कोई घर में सास ननद खाविंद वाली हो तो बैठे-बैठे अपने जरूरी कामों को जाती है। फिर वहीं कोने में रात को पड़ रहती है। दो एक नायनें अगर रुपया हुआ तो उसके पास रहती हैं, नहीं बिचारी अकेली ही इस शोक की नाव को खींचती है। इस वक्त इस बिचारी पर दो आफतें आती हैं–एक तो खाविंद की जुदाई का गम, दूसरा इन बदरहमियों का गम। अगर मरती नहीं तो जिन्दों में भी नहीं रहती।

इस वक्त इसे आँख पसारने से दुनिया में कोई तसल्ली देने वाला नजर नहीं आता है। सगी माँ बहन नजदीक तक नहीं आतीं। विधवा औरतें अपने जीते जी उस हालत को देख लेती हैं जो आदमी के मरते वक्त होती हैं। जैसे उस वक्त जो गुजरती है अपनी ही जान पर, दूसरा कोई साथी नहीं होता, वैसे ही इस वक्त जो बीतती है अपने ही ऊपर। जैसे बीमारी के वक्त अपने दिल का दर्द आप ही सहारता है वैसे इस बीमारी को यह आप ही झेलती है।

क्या आश्चर्य की बात है–चाहिए ऐसें वक्त तसल्ली करना, न कि दो चंद रंजीदा करना। और यह कह-कह के उसका गम ज्यादा करती हैं। माँ कहती है–"मेरे सामने मशाल बल रही है, चिता सुलग रही है, भला मुझसे कब देखी जाएगी!" सास कहती है–"मेरे सामने साँपनी ने मेरे लड़के को डस लिया। अब लहर आ रही है। इस कमबख्त को मौत न आई। भाड़ में झोंकूँ इस बहू को जिसने कुल का सत्यानाश कर दिया। मेरे सामने से दूर ले जाओ। मुझसे देखी नहीं जाती।" इस वक्त माँ-बाप सास-ससुर सब परमेश्वर से यही दुआ माँगते हैं कि किसी तरह यह लड़की मर जाए।

हाय, क्या जहालत का पर्दा हिन्दुओं की अक्ल पर पड़ रहा है–जिस बच्चे को आप तकलीफें उठा बड़ी मेहनत से पालते हैं, एक बेरहम खराब रस्म के पीछे खुद

उसके मरने की परमेश्वर से दुआ माँगते हैं!

और रिश्तेदार जो मातम पुरसी को आती हैं, कहती हैं—"बस, अब राम-राम किया करो। अब दुनिया से तुम्हें क्या काम है?" सास से कहती हैं—"तुम्हारे घर इस बहू के ऐसे सब्ज कदम आए। जवान लड़का खा लिया। उससे तुम्हारा बुढ़ापा खराब हुआ।" बेवकूफ इतना नहीं समझतीं कि बुढ़ापा तो दो-चार-दस वर्ष का है, इसको तो सारी उम्र रोना पड़ेगा।

लाचार हो अगर वह गम के मारे रोती है या अपना सिर पीटती है तो उसे कहती हैं—"अरी कैसी बेशर्म है! बड़ों के बैठे इसको खसम के रोने से क्या मतलब? क्या दुनिया में और रांडें नहीं हैं? यही अनोखी रांड हुई है! खसम को रोते शर्म भी नहीं आती।"

दुनिया में जब हम पर पहले-पहल कोई आफत आती है तो हमें अनोखी ही मालूम पड़ती है। आराम में मुसीबत का आना वही जानता है जिस पर गुजरती है। फिर मुसीबत भी कैसी कि तमाम खुशियों को एक दम में बहा ले जाती है।

माना हमने कि औरतों को खाविंद के मरते-जीते किसी तरह का आराम नहीं मगर रोटी कपड़ा तो बुरा भला मिलता है, विधवा को तो अपने पेट ही की फिक्र चैन नहीं लेने देती। गम की हालत को वही जानती है जिस पर बीती हो, वह नहीं जानने सकता जिसने ख्वाब में भी गम नहीं देखा। यह मसल भी मशहूर है—"जिसके पाँव न हो बिवाई, वह क्या जाने पीर पराई!"

ग्यारह दिन बाद जिसे हिन्दू एकादसाह कहते हैं उसी तरह सब औरतें और वह सबके पीछे दरिया या तालाब पर जाती है। उसी दिन क्रिया कराई जाती है। महा ब्राह्मण जो सिर्फ इसी वक्त आते हैं, जैसे पुलिस सरकारी जुर्म वाले को नहीं छोड़ती वैसे यह बेचारी विधवा को जब तक अपनी खातिर ख्वाह नहीं पाते, उठने नहीं देते। चाहे तीन दिन वहाँ ही बैठे गुजर जाएँ, चाहे सात वर्ष की लड़की हो, भूख से दम निकल जाए, यह संग दिल उसको भी दिक करते हैं। अमीर तो खैर देते ही हैं पर जिनके पास एक दिन का खाना भी नहीं होता, वे भी कर्ज कर इनका टैक्स दे मुँह झुलसती हैं।

फिर तेरह या सत्रह दिन बाद जब ब्राह्मण मुर्दे का गोश्त और विधवा का खून पीते हैं उसे बुरा दिन कहते हैं। हकीकत में बुरा ही दिन होता है। उसी तरह पुरोहित जी आ चिमटते हैं। उनको जब तक मुँह माँगा न मिले वे स्वर्ग का दरवाजा खुलने नहीं देते, न पितरों से मुलाकात होने देते हैं। बेचारी कर्ज कर, मकान रहन रख, इन सब का मुँह झुलसती है। नाई, नायन, कहार, धोबी, बारी, मेहतर—इन सबको भी कुछ दंड देना पड़ता है।

इन सब से फुर्सत नहीं पाती कि इतने में कर्जदार दस्तक देते हैं। उस बेचारी को चार दिन घर में बैठ के गम भी करना नहीं मिलता। उसी हालत में मेहनत

मजदूरी को निकल पड़ती है। आप फाँका कर चक्की पीस उनका कर्ज उतारती है।

हिन्दुस्तान की औरतें पैदा होने से मरने तक सिवा गम खाने और दिल जलाने के किसी तरह का आराम किसी उमर में नहीं पातीं। खाविंद की जिन्दगी में उनके बदफैलों से दिल जलता है, मरने के बाद यह खराबियाँ। और वह जिन्दगी में रंडी व लौंडों से मजे उड़ाते थे और मरने के बाद इस क्रिया के पुण्य से अप्सराओं में आराम करते होंगे। दोनों तरह यही मरती है :

गए दोनों जहान के मजे से तुम; न इधर के हुए न उधर के हुए।

न खुदा ही मिला न बिसाले सनम; न इधर के रहे न उधर के हुए।

फिर उसी दिन सब कुनबे के लोग मिल के उसके आगे बुरा दिन डालते हैं। यानी जेवर, कपड़ा, रुपया जो उसकी गुजरान के लायक हो जाता है, माँ, बाप, भाई, सास, ससुर को भी इस वक्त कुछ देना पड़ता है। बहुत लोग इस रस्म को नापसन्द करते हैं। इसमें एक खराबी है। जब उन्हीं रिश्तेदारों में से किसी की रांड हो तब उसको वह रुपया बतौर कर्ज लेने के जबर्दस्ती दिया जाता है।

मेरे नजदीक बहुत अच्छा रिवाज है। नापसंद करने वालों को चाहिए रिश्तेदारों का रुपया न लेने दें। मगर माँ, बाप, भाई, सास, ससुर—इनसे जबर्दस्ती दिलाना चाहिए। जेवर कपड़ा न दें। रुपए को किसी बैंक में या किसी सर्राफ की दुकान पर जमा कराया जावे जिसके सूद से विधवा सारी उम्र अच्छी तरह गुजरान कर सके। इसमें कोई खराबी नहीं बल्कि एक तरह का पुण्य है। अफसोस है उनकी अक्ल पर जो औरतों को वास्ते और कुछ तजवीज न कर इसको बुरा कहते हैं!

फिर तीन पक्ष यानी डेढ़ महीने बाद गंगा जी ले जाते हैं। इसके पहले घर में कोई उसका मुँह नहीं देखता। चाहे अमीर हो या गरीब मगर गंगा जी जरूर जाना पड़ता है। जो किसी सबब से नहीं जा सकतीं वे दरिया या किसी तीर्थ पर जाती हैं। फिर भी उसी तरह नाइनें या जिस औरत का खाविंद न हो वे ले जाती हैं। बहुत ही सुबह सबके उठने से पहले वही कपड़े पहन जो खाविंद के मरते वक्त पहने थी, मुँह लपेट नायन उसी तरह गंगा जी में धक्का दे देती हैं। कपड़े दरिया में ही छोड़ दिए जाते हैं। और कपड़े पहन उसी तरह घर चली आती हैं। हिन्दुस्तान में इसे पल्ला उतारना कहते हैं। यह दस्तूर तमाम हिन्दुस्तान की सब कौमों में है।

इसका मतलब मेरी समझ में यह आता है कि विधवा होते वक्त औरत मर्द का कपड़ा बाँध दिया जाता है, वह आज से छूट गया। तीन पक्ष गम की मियाद पूरी कर पहले खाविंद से पल्ला छुटा लिया। अब उसका या उसके रिश्तेदारों का उस औरत पर कुछ हक न रहा। फिर उसी दम गंगा के पुरोहित आ जाते हैं और अपने साथ एक नाई भी रखते हैं यानी विधवा औरत का सिर मुँडाने को। जो लड़की उम्र में छोटी होती है या जिस लड़की के माँ-बाप जिन्दा होते हैं, उनका सारा सिर नहीं मूँडा जाता। एक लट उतार गंगा में डाल देते हैं। बिचारी बेवा इस रस्म निकालने

वाले की जान को रोती जाती है और सिर मुँडाती है। वहाँ भी पुरोहित जी को सिर मुँडाई टैक्स देना पड़ता है। पिंड और खाना कपड़ा भी जरूर देना पड़ता है चाहे रेल के खर्च को उधार लेना पड़े। यह पिंड तब गंगा में डालते हैं जब गरीबों से दो चार रुपए रखवा लेते हैं।

सिर मुँडाने का मतलब ब्रह्मचर्य धारण करना—यानी सुहाग का शृंगार, कपड़ा, बाल वगैरह सब त्याग देने—फकीरों की मानिंद गुजारा करना है।

क्या बेवकूफी है, असल हकीकत न समझ इसको भी रिवाज में दाखिल कर लिया है। यह उनके वास्ते चाहिए जिनकी कुछ उम्र शादी में गुजरी हो। मेरी राय में तो जिसकी मर्जी हो वह ऐसा करे। जबर्दस्ती किसी से ऐसा कराना नहीं चाहिए। खास करके जिन औरतों ने खाविंद का मुँह भी नहीं देखा उनसे तो ऐसा कराना बड़ा भारी पाप है। बल्कि उनमें से जो ऐसा करना चाहे उसको जबर्दस्ती रोकना चाहिए।

फिर घर में आकर एक वर्ष बराबर किसी के घर या विवाह शादी में या किसी और जगह कहीं बाहर नहीं जाती। जिनके भाई-बाप जिन्दा और थोड़ी उम्र होती है उन्हें फिर जेवर पहना दिया जाता है। चूड़ी, बिछुआ, नथ—सब सुहाग की चीजें पहना दी जाती हैं।

जब रांड ही होने से जेवर उतारा गया, मालूम नहीं फिर कौन सा दूसरा सुहाग चढ़ता है? जब नथ, चूड़ी, बिछुआ ही सुहाग की निशानी ठहरी, मेरी समझ में नहीं आता कि यह कौन से सुहाग की निशानी है?

अक्सर देखने में आता है कि माँ अपनी विधवा लड़की को जरूर ही जेवर पहनाए रखती हैं। जो नहीं पहनती उसे बहुत बुरा कहती हैं। अगर कोई इनसे सवाल करे कि अब इसका खाविंद मर गया फिर क्यों जेवर पहनाती हो, जवाब देती हैं—"भला इसने दुनिया में आ कर देखा ही क्या है! हमारे आगे न पहने तो कब पहनेगी? इतनी पहाड़ उम्र इसी तरह क्योंकर कटेगी और हमसे नंगी बुच्ची कब देखी जाएगी? यह कभी हो सकता है—हम पहन ओढ़ कर बैठें और यह हमारे सामने मन मार के बैठे?"

वाह री समझ! कोई पूछे इनसे—जब आप पलंग पर गर्म होती हैं उस वक्त लड़की के मन का क्या बंदोबस्त करती हो? सच है, जेवर बिन नहीं देखी जाती खाविंद बगैर देखी जाती है। खाविंद बिना उम्र कट जाएगी जेवर बिना कटनी बड़ी मुश्किल है।

वाह री जहालत की उल्टी समझ! असल बात को क्या पर्दे में छिपा लिया है? इन सब बातों से साफ यहाँ मतलब निकलता है—जिसके माँ-बाप जिन्दा हों, छोटी उम्र हो, लड़की को तकलीफ में न देख सकें—दूसरी शादी कर दें। यानी अपनी जिन्दगी में जैसे उसको जेवर बगैर मन मारे नहीं देख सकतीं वैसे चाहिए इसका पीछे के लिए बंदोबस्त करें।

अक्ल की दुश्मन इतना नहीं समझतीं कि जेवर शृंगार इनके दिल पर क्या असर करेगा। चाहिए पहले दिल का बन्दोबस्त करें। इन्द्रियाँ बड़ी बलवान हैं। बड़े-बड़े पंडितों को भी गिरा देती हैं (बलवानिद्रियं ग्रामं विद्वांसमपि कर्षति इति)। कौन अक्लमंद यकीन कर सकता है कि बेवकूफ विधवाएँ जेवर शृंगार पहन नेक पाक रहें? जेवर उसे पहनाना चाहिए जिसकी दूसरी शादी कर देनी हो।

और जिसको स्वर्ग में भी दूसरे खाविंन्द की उम्मीद नहीं, चाहे सात वर्ष की बेवा हो, हर्गिज जेवर का नाम न लेने दें। खराबी के रास्ते में एक यह भी बड़ा हथियार है।

यों तो अपने बनाव का शौक औरत मर्द सब ही को होता है मगर खासकर के औरतों में इनका ज्यादा शौक पाया जाता है और साथ ही उसके दिल में यह ख्याल भी होता है कि हमारे बनाव की कोई तारीफ करे। शृंगार और जेवर पहनने का मतलब ही यह है कि लोग खूबसूरती को देख खुश हों। अक्सर मेले तमाशे विवाह शादियों में औरत मर्द खूब जहाँ तक जितना जिसके पास होता है जेवर पहन-पहन कर जाते हैं। जिसे कोई खूबसूरत कह देता है वह बदन में फूला नहीं समाता—बल्कि बदखयालों की बुनियाद भी यहाँ ही से पड़ती है। कामियों के दिल के लपेटने-खींचने को यह जाल पर दाना है। झटपट अंजाम पर पहुँचा देता है। मैं यह नहीं कहती कि जेवर पहनने वाली सभी बदी के रास्ते में पड़ जाती हैं मगर हाँ, इतना बेशक कह देती हूँ—यह इस मंजिल पर पहुँचा देने को मिसिल मेल ट्रेन के है।

अफसोस आता है उनकी अक्ल पर कि जान-बूझ के अपनी प्यारी बेटियों को खराबी का रास्ता दिखाती हैं और जब वह कोई खराबी कर बैठती है तो खुद उनकी जान मारने का बंदोबस्त कराती हैं!

मेरे नजदीक लड़की के जुर्म की सजा में माँ को फाँसी देनी चाहिए। जो अपनी लड़कियों को किसी तरह का कलंकित न करना चाहे उन्हें चाहिए जो जेवर लड़की के पास भी हो उसका भी रुपया सूद पर दे दें। और हो सके तो उसकी माँ को भी जेवर न पहनना चाहिए।

फिर जिनके माँ बाप नहीं होते उन्हें भाई भौजाइयों की गुलामी करनी पड़ती है। यह आम बात है—जिसके घर में माँ बहन बेटी रांड होती है नौकर रखने की उसे कुछ जरूरत ही नहीं रहती। जो काम नौकर नहीं करते इन्हें रोटियों के पीछे वह भी करना पड़ता है। बेवा औरत को दुनिया में किसी काम की ख्याल नहीं करते, सिवा इसके कि मेहनत करे तो रोटी खाए। चाहे कैसी ही अमीर हो भौजाइयाँ हर वक्त उन पर हकूमत चलाती हैं और इन्हें उनका ऐश आराम देख अपना ख्याल आता है। बस वे इन पर हसद का इल्जाम लगाती हैं। हर वक्त लड़ाई करती हैं। अगर ससुराल वाली हो तो वहाँ भी हसद का टीका इनके माथे पर लगाया जाता है। उधर से खफा हो इधर आती हैं, इधर की मारी उधर जाती हैं। गर्ज कि मौत के दिन

बड़ी मुश्किल से पूरे करती हैं। अगर कोई कहे कि अलहदा मकान में रहो तब भी इल्जाम से अलग नहीं रहने देते। बेशक माना कि छोटी उमर में अलहदा रहने से खराबी पैदा करेंगी मगर रात दिन की लड़ाइयों से तंग हो जितनी औरतें आजकल खामख्वाह बदी कर निकल जाती हैं उससे बेहतर है कि अलग मकान में रहें और उनके माँ बाप को चाहिए—अपने जीते जी उनकी गुजरान का अच्छा बन्दोबस्त कर दें।

और जिनके लड़के लड़की होते हैं, बचपन में बड़ी मेहनत मजदूरी कर पालती हैं। जब जवान होते हैं, बीवी का मुँह देखते हैं, माँ की मुरव्वत भूल उसको घर से बाहर कर देते हैं। जो दौलतमंद विधवा होती हैं, बिरादरी के सब मिल के, भाई या देवर का या किसी और रिश्तेदार का लड़का उसकी गोद में बिठा देते हैं। उसके सब माल असबाब का मालिक बना देते हैं। यह बेचारी अपने क्रिया कर्म के लालच से बड़ी मुहब्बत करके पालती है। जब उन्हें होश आता है दौलत असबाब अपने कब्जे में कर इनसे कहते हैं—"रोटी कपड़ा लो और तुम्हें कुछ अखत्यार नहीं।" उस वक्त उससे उनकी हालत अच्छी दिखाई देती है जो दिन भर चक्की पीस आजादी से रात को रोटी खाती हैं।

बाप के माल में से लड़कियों को कौड़ी भी नहीं मिलती। खाविंद की दौलत में कुछ अखत्यार नहीं। बेटे पर दावा चल ही नहीं सकता। बस, उससे ज्यादा दुनिया में कोई बेवकूफ और कम्बख्त नहीं जिसे कभी ख्वाब में अखत्यार न मिला हो, और वह अखत्यार पाए, फिर अपने तईं दूसरे के हवाले कर दे।

रोना आता है उन विधवाओं की समझ पर जो दूसरों को अपनी आँखों से तकलीफें उठाते देखती हैं, फिर जान-बूझ कर अपने वास्ते वही सामान कर लेती हैं!

फिर बुढ़िया पुराण में विधवाओं के मरने की भी अलहदा रस्म है। जब खाविंद वाली मरती है उसका वैसा ही श्रृंगार जैसा जिन्दगी में करती थी, बल्कि जो चीजें सुहाग से ताल्लुक रखती हैं—नथ, चूड़ी, बिछुआ वगैरह जिनके पास नहीं भी होता वे पीतल काँसे का पहना देते हैं। कपड़ा भी रंगीन गोटे का पहनाया जाता है। जब रांड मरती है सफेद धोती सफेद चंदन का टीका।

खाविंद वाली ब्राह्मणों के कहने बमुजिब इस दुनिया में खाविंद से जुदा हो उस दुनिया में रांड होने को गई। जैसे विधवा यहाँ गुजारा करती है वह वहाँ करेगी। जब तक उसका खाविंद न मरे उसका श्रृंगार न करना चाहिए क्योंकि वह विधवा होने को है।

मनुस्मृति में लिखा है—मरने के बाद स्त्री पति लोक में जाती है। बस, विधवा हिज्र के दिन पूरे कर मरने के बाद खाविंद से मिलती है। चाहिए उसका श्रृंगार कर बड़ी खुशी करना। इस श्रृंगार न करने का और मतलब है। जब विधवा जेवर श्रृंगार कर खाविंद के पास जावेगी वह उस पर शक करेगा। शायद घर में न घुसने दे। और दूसरी शादी वहाँ भी नहीं होती होगी। फिर वह कहाँ जावे? पुरोहित जी को संग ले जावे वे सिफारिश कर देंगे।

ऐ हिन्द की विधवाओं को मारने वालियो, क्यों अपने वास्ते काँटों को फूल समझती हो—क्यों अपने पाँवों में अपने हाथों से कुल्हाड़ी मारती हो—एक ऐसी वहमी रिवाज के पीछे जिसका न किसी मजहब से ताल्लुक है, न किसी धर्म से वास्ता, न किसी हिन्दुओं की किताब में इसका जिक्र है? महाभारत जिसमें बेशुमार रांड हुईं कहीं इस रस्म का नाम निशान नहीं पाया जाता। फिर न मालूम आप कौन से धर्म शास्त्र की रीत पर किस पंडित के कहने से इन जान लेने वाली बदरस्मों को नहीं छोड़तीं?

हजारों औरतों को इसी रस्म ने दुनिया से खोया और नाम गम का हुआ। यह उन्हीं बेगुनाहों के मरने का फल तमाम हिन्दुस्तान के स्त्री पुरुषों को मिल-रहा है।

अगर कोई कहे कि आज चौथाई हिन्दुस्तान विधवाओं से भर रहा है, अगर इस रस्म से मर जातीं तो इतनी जिन्दा दिखाई न देतीं—जवाब—जिस चीज की आमदनी ज्यादा हो और खर्च बिल्कुल न किया जाय वह दिन-ब-दिन ज्यादा होती जाती है। और जिसका खर्च आमदनी बराबर है, बल्कि खर्च ज्यादा होता है, उसमें कुछ जमा हुआ मालूम नहीं देता।

एक-एक आदमी दस-दस शादियाँ करता है। उसके मरने से दस रांड हो जाती हैं। और एक औरत के मरने से दस कुँवारी विवाह सकता है।

आज कल जो चौथाई विधवा नजर आती हैं यह आधी हैं और आधी इसी बेरहमी रस्म से मर जाती हैं। अफसोस है उनकी अक्ल पर जो खुद अपने वास्ते ऐसी खराबियों ईजाद करें जिसमें मुश्किल से जिंदगी की उम्मीद हो सकती है! सरकार अँग्रेजी ने हिन्दुस्तान से सती करने की रिवाज को बंद किया मगर यह घर में सती करते हैं जिसकी सरकार के फरिश्तों को भी खबर नहीं।

कोई महात्मा हिन्दू भाई इस पर ख्याल नहीं करता, बल्कि अपना फायदा समझते हैं कि रांड के जीने से खराबियाँ ही होंगी। खूब है कि इसका काम तमाम हो जाए।

ऐ हिन्द की संग दिल स्त्रियो, एक गम के मारे आदमी को इस कद्र तकलीफ देते तुम्हें परमेश्वर का खौफ भी नहीं आता। अगर रांड का मुँह देखने या परछाई लेने से ही रांड हो जाती हैं, तो नाइनें जो रांड के पास रहती हैं, चाहिए रांड हो जाएँ। पंजाब में यह रिवाज नहीं, क्या उनके खाविंद मर जाते हैं?

अँग्रेजों में जिसका खाविंद मरता है उसके रिश्तेदार और सब घर के उसको बड़ी तसल्ली प्यार से रखते हैं, क्या वे सब रांड हो जाती हैं? नहीं, तुमसे हजार दर्जे आराम में हैं।

दिल में खूब यकीन रखो, तुम्हारा मरना चाहने वाले कभी तुम्हें इस रस्म से न रोकेंगे। बस, चाहिए खुद गौर कर ऐसी खराब नुक्सान पहुँचाने वाली रस्मों को छोड़ दो, नहीं करीब है कि तुम्हारा जहाज डूब जाएगा।

नम्बर 21

औलाद की ख्वाहिश

हिन्दुस्तान में जितनी चाह औलाद की औरतों को है मर्दों को नहीं। जिस दिन से शादी होती है उसी दिन से इलाज करना शुरू होता है। अगर साल भर में औलाद हो गई तो खैर, नहीं बांझ ठहराई। अब मारे गम के रात दिन रोती हैं। खाना नहीं खातीं। हर वक्त ठंडी साँस भर के कहा करती हैं–भला हमारी किस्मत में औलाद कहाँ! फिर फकीरों की मिन्नतें करती हैं। बाबा जी के पास आधी रात तक बैठी पूजा किया करती हैं। सैकड़ों वर्ष के मुर्दों की कब्रों पर जा कर रोती हैं–बूढ़ा बाबू, शेख सदो, जैन, खान, नगर कोट देवता की। जितनी घर की जायदाद भी नहीं होती जितनी यह मिन्नतें मानती हैं।

किसी ने कहा–साँप को मार के या जीते पर किसी तरह नहाओ। यह फौरन दो तीन साँपों को मरवा चार-पाँच दफा नहाती हैं। किसी ने कहा–किसी बच्चे के सिर के बाल जला के फाँको। यह झटपट औलाद की चाह में किसी सोये हुए बच्चे के बेदर्दी से बाल उखाड़ लाती हैं। चाहे उसमें इनकी तन्दुरुस्ती में फर्क आवे मगर इन्हें जरूर फाँकने चाहिए। किसी ने कहा–काले जीते भौंरे को खा लो। किसी ने कहा–आक का दूध बताशे में रख कर खा लो। किसी ने कहा–चूहे की मिंगन दही में मिला कर खा लो। बहुत बूढ़ी औरतें यही रोजगार करती हैं। खाक धूल कुछ ला देती हैं। यह उन्हें परमेश्वर से भी ज्यादा जानती हैं। औलाद की ख्वाहिश में अपने नफे नुकसान की कुछ खबर नहीं रहती। न पाप पुण्य समझती हैं। अगर परमेश्वर इनके गुनाहों की तरफ ख्याल करे सात पुश्त औलाद न दे।

गले में गाय बैल की मानिंद हर वक्त ताबीजों के रस्सी से हार पहने रहती हैं। हकीमों की दवाइयों का कुछ ठीक ही नहीं। दाइएँ हमेशा घर में मौजूद रखती हैं। सिवा इनके और बहुत ऐसी दवाइयाँ करती हैं जिनसे कयामत तक औलाद होने की उम्मीद

नहीं बल्कि बीमारियाँ पैदा कर देती हैं। यह इन्हीं दवाइयों के जरिए से औलाद का गम अपने साथ ले जाती हैं।

फिर पंडित जी से पूछती हैं। पंडित जी बहुत बातें अपने मतलब की बताते हैं–सोने की गौ दान करो, स्त्री दान करो, या स्त्री का कोई अंग दान करो, या हरिवंश पुराण सुनो–तब औलाद होगी। हिन्दुस्तान में किसी अमीर या राजा के औलाद होगी नहीं तो सबका माल सरकार में ही जब्त होता है। पंडित जी उन्हें हरिवंश पुराण सुना क्यों नहीं उनका वंश हरा करते?

(क) एक औलाद की चाहने वाली का हाल

किसी स्त्री ने एक पंडित से पूछा–"महाराज, कोई ऐसा यत्न बताओ जिससे मैं पुत्र का मुख देखूँ।" पंडित जी ने कर्म विवाह जन्म पत्र में देख के बताया कि फलाने शमसान में आधी रात के वक्त में तू तेरा खाविंद मुर्दे की पूजा कर उसे उठावे, वह तेरे गले से मिले तब औलाद हो। वह औरत खाविंद की मिन्नत कर पंडित जी को साथ ले आधी रात को शमसान में पहुँची। पंडित जी ने मुर्दे की पूजा कर और दक्षिणा ले उसको खड़ा किया। उस औलाद के चाहने वाली ने बड़ी खुशी से गले लगाया। जरा भी खौफ दिल में न लाई। पूजा करके तीनों घर को फिरे। राह में याद आई कि पंडित जी की पोथी वहाँ ही रह गई पंडित ने खाविंद से पोथी लाने को कहा। उसने इन्कार कर कहा–"चाहे सात जन्म औलाद न हो मगर मैं इस वक्त श्मसान में न जाऊँगा।" उसी आशिक औलाद ने कहा–"मैं जाती हूँ। तुम लोग यहाँ ही खड़े रहो।"

रास्ते में ख्याल किया कि मुर्दे के एक दफा गले मिलने से एक लड़का होगा। एक दफा और मिलूँ ताकि दूसरा भी हो। लड़के की आरजू में मुर्दे से जा लिपटी। उसने भी अकेला जान खूब जोर से पकड़ा। अब रोने चिल्लाने लगी। पास के लोगों ने आ कर बड़ी मुश्किल से छुड़ाया। इसी खौफ से घर आ कर तीसरे दिन मर गई। अब देखना चाहिए मर्दों को ज्यादा ख्वाहिश है या औरतों को? मुर्दे में तो फिर जान का पड़ना नामुमकिन है, शायद पंडित जी ने किसी अपने दोस्त को मुर्दा बनाया होगा या किसी उस औरत के चाहने वाले से मिलने की यह सूरत निकाली होगी। अक्सर दुष्ट आदमी मुर्दा बन या कोई देवता बन भैरों, हनुमान, नरसिंह, शहाबा–इनकी शक्ल बना औलाद के चाहने वाली नेक औरतों का धर्म खोते हैं।

ऐ हिन्दुस्तान की नेक स्त्रियो, एक नापायेदार चीज के पीछे अपने कीमती वक्त को न खोवो। इस दुनिया से अपने तईं मत गँवाओ। यह वक्त, यह जिस्म, यह राज फिर न मिलेगा। जिस चीज के कायम रहने की हमें उम्मीद ही नहीं, फिर किस तरह नाम रहने का भरोसा रखें? औलाद से किसी का नाम इस दुनिया में न रहा। किसी का दस पुश्त, किसी का बीस, आखिर बंद हो जाता है। फिर उन्हें कोई भी नहीं

जानता—कौन थीं, कहाँ गईं। अगर कुछ दिन नाम रहता है मर्दों का। औरतों का नाम कोई नहीं लेता। फिर तुम क्यों अपना जीवन गँवाती हो?

हमको उस नाम के रहने की कोशिश करनी चाहिए जो हमारे मरने के बाद कायम रहे। लड़का जिसके जीने की हमें अपनी जिन्दगी में उम्मीद नहीं है, फिर पीछे क्या उम्मीद हो सकती है? देखो, मीराबाई की आज कोई औलाद नहीं और उसको मरे भी मुद्दत हुई मगर किस इज्जत के साथ आज तक उसका नाम लिया जाता है। परमेश्वर की प्रीत में इस औरत के बराबर आज तक दूसरी मशहूर नहीं हुई। भीलनी एक सबसे नीच कौम में थी मगर परमेश्वर का भजन करने से आज तक उसका नाम कायम है। फिर कालिदास की स्त्री विद्योत्मा के कोई औलाद न थी मगर विद्या से सूर्य की तरह आज तक उसका नाम रोशन है। देखो, महाभारत में कुंती, द्रोपदी, सत्यभामा, सत्यवती, रुक्मिणी कैसी इज्जत के साथ इन नेक स्त्रियों का नाम लिखा है। फिर लीलावती, दमयंती, शकुन्तला—कोई इनकी औलाद को नहीं जानता। अहिल्या, रानी भवानी, कृष्णा कुमारी, शरन कुमारी—कैसे हिम्मत के साथ इन स्त्रियों ने अपना नाम मशहूर किया। पुलचेरिया, एलिजाबेथ, विलोनस और बहुत इंगलिस्तान में औरतें हुई हैं जिन्हें सैकड़ों वर्ष मरे गुजर गए मगर नाम उनका आज तक कायम है।

और आज कल भी बहुत अँग्रेजी लेडिएँ हैं, जो अपना वक्त ही दुनिया के ही फायदे में खर्च करती हैं। उम्दा से उम्दा किताबें, रिसाले, अखबार लिखती हैं। दूर का सफर, अपने ऊपर अखत्यार कर हिन्दुस्तान में सिर्फ पर-उपकार ही के लिए आती हैं।

और दूसरी तरह से भी यह ख्वाहिश तुम्हारी बेफायदा है क्योंकि जब से दुनिया पैदा हुई तभी से लड़के का नाम बाप के नाम के साथ लिया जाता है। तवारीख में बराबर राजाओं का हाल है। कहीं उनकी माँ, बहन, बेटी, जोरू का जिक्र नहीं। मगर उन्हीं औरतों का नाम है जिन्होंने कोई किताब तसनीफ की हो या कोई इमारत बनवाई हो या कोई और मुल्की बंदोबस्त किया हो या मजहब के साथ में किसी तरह की दिलेरी की हो या परमेश्वर के भजन में मशहूर हो। महाभारत में इतने राजा मरे सब का नाम लिखा है मगर यह कहीं नहीं लिखा कि फलानी का लड़का था। और आज कल भी कोई माँ का नाम नहीं लेता, जिससे पूछो यही कहता है—फलाने का लड़का है। मगर माँ के नाम की खबर नहीं। बस तुम्हें चाहिए—औरों के नाम के पीछे अपना नाम इस दुनिया से बिल्कुल न खो। मैं यह नहीं कहती कि औलाद की ख्वाहिश ही छोड़ दो। नहीं, अगर कोई बीमारी हो डाक्टर से इलाज कराओ। इन मुर्दों पीरों से कभी औलाद नहीं हो सकती।

बहुत औरतों का ख्याल है कि स्त्रिएँ औलाद पैदा करने को हैं। अगर यह नहीं है तो वे किसी काम की नहीं।

नहीं, यह ख्याल उनका बिल्कुल गलत है। अगर परमेश्वर संतान के लिए ही औरतों को बनाता तो यह जो नेक-बद पहचानने की अक्ल हममें है हरगिज न देता। आदमी का दिल जो तमाम बदन में एक बेशकीमती चीज है तुम्हारे न होता। फिर ज्ञानेन्द्री, कर्मेन्द्री मर्दों की बराबर तुम्हारे न होती।

नहीं, परमेश्वर ने गर्भ धारण करने को औरतें और गर्भ स्थापन करने को मर्द बनाए हैं। इसमें किसी को अपने नाम रखने की या ज्यादा होने की ख्वाहिश न करनी चाहिए। यह तो कुदरत का नियम है। वह इन दोनों के जरिए से अपनी दुनिया ज्यादा करता है। जब औलाद हो, ख्याल करना चाहिए हमारे जिम्मे परमेश्वर ने एक खिदमत दी। बस, उसको दिल व जान से बजा लाना इन्सान पर फ़र्ज है। यह खुदाई चीज है इस पर अपना अखत्यार नहीं जताना हमें।

और जिनको परमेश्वर इस खिदमत से माफ रखता है उनको यह ख्याल हर्गिज न चाहिए कि परमेश्वर कम्बख्त है–हम को औलाद नहीं देता। नहीं, उनको एक तरह की खुशी करनी चाहिए कि परमेश्वर ने ऐसी भारी खिदमत से माफ रखा। बस, उनके वास्ते उनसे और दुनिया की खिदमतें बनाई हैं। अगर कोई कहे कि यह जिस्म सिर्फ बच्चों की ही परवरिश को बनाया है, नहीं, हर एक आदमी में रहम जो कुदरत की तरफ से मोहताज को देख कर दिल में आता है। बस, इससे साफ जाहिर है कि जिस्म न सिर्फ अपने बच्चों की ही पवरिश को बना, नहीं, जो इस खिदमत का मोहताज है सब के ही खिदमत करने और कराने को बना है। दुनिया में वह काम करना चाहिए जिसका नफा औरों को पहुँचे और अपना पीछे मुद्दत तक नाम रहे।

अगर आप कोई नेक काम करोगी तो उसका पुण्य भी आप ही को मिलेगा। अगर बद करो तो भी आप ही को भोगना पड़ता है। औलाद किसी की नेकी-बदी में सहाय नहीं करती। जो जैसा करेगा वैसा इसी दुनिया में पावेगा। तुम किसी को जान से मारो, बस, इसकी एवज में तुम ही को फाँसी होगी। जब औलाद इस दुनिया में हमको दुखों से नहीं छुड़ा सकती तो उस दुनिया में जिसकी आज तक किसी को खबर नहीं हुई क्या करेगी? अगर कहो, हमारे मरने के बाद कर्म क्रिया करेंगे जिसके पुण्य से हमें स्वर्ग में जगह मिलेगी, खूब यकीन रखो, जब इस दुनिया में ही तुम्हें कोई नहीं जानता–किसकी माँ-बहन हो, तब स्वर्ग में कौन जानेगा? बस, वहाँ भी धक्के ही खाओगी। और स्वर्ग के पुरोहित भी वहाँ हैं जिन्होंने इस दुनिया से तुम्हारा नाम निशान खोया।

अगर इस लिखने पर गौर न करोगी पीछे पछताओगी। सदा दौर दौरा दिखाता नहीं। गया वक्त फिर हाथ आता नहीं। फिर आज कल के यंत्र मंत्र से पैदा की हुई औलाद कभी माँ बाप को नफा नहीं देती। माँ-बाप ऐसी-ऐसी मेहनत कर पालते हैं और उन्हें ज्यों ज्यों होश आता है त्यों त्यों परमेश्वर से माँ बाप के जल्द मरने की दुआ माँगते हैं। और जैसा अखत्यार पाने पर माँ बाप का हाल करते हैं, किसी से

पौशीदा नहीं है। अगर कोई कहे–सब नहीं करते, बेशक सौ में दस होंगे जो माँ बाप को खुश रखते हों, नहीं सब औलाद वाले आज कल रोटियों को रोते ही नजर आते हैं।

इसके सबब की एक बात मुझे याद आई है।

हिन्दुस्तान के किसी शहर में एक निहायत गरीब मुफलिस आदमी रहता था। उसके औलाद न थी। इतना गम एक वक्त रोटी न मिलने का न था जितना औलाद का था। और इसी गम में उससे कुछ काम भी नहीं हो सकता था।

वे दोनों इसी फिक्र में रात दिन रहते थे। आखिर किसी फकीर की दुआ से एक लड़का एक लड़की पैदा हुई। पर यह एक तो गरीबी, दूसरे उनकी अच्छी तरह परवरिश न करने से, तीसरे बड़ी मेहनतों से बीमार हो मर गया। अभी बच्चे एक दो साल के ही थे। इस बेचारी बेवा पर मुफलिस की बला आगे ही थी। मगर गम से करीब थी कि वह भी जान दे दे। पर बच्चों की मोहब्बत ने न छोड़ा। दिन जुदाई भर चक्की पीस आप फाँका कर उनको पालती थी और साथ ही उसे लड़की की शादी करने का भी बड़ा ख्याल था। जब लड़की सात वर्ष की हुई इस बेचारी को मारे फिक्र के **रात-दिन** चैन नहीं थी। मगर उसी शहर में किसी अशराफ आदमी के चाहने वालों **ने अपने बेटे** से उस विधवा की लड़की की शादी कर ली और उस लड़के पर भी **मेहरबानी** कर किसी मकतब में बिठा दिया। पर वह नेक औरत जब भी चक्की पीस लड़के को खिलाती और पढ़ाती थी। थोड़े अर्से में लड़का कुछ उर्दू पढ़ जवान हुआ।

और उस बेवा की लड़की विधवा हो गई। इस बेचारी पर और नागहानी बला आई। हिन्दुओं में दस्तूर है–जब खाविंद मर जाए तो ससुराल वाले बहू को नहीं चाहते बल्कि माँ बाप के घर निकाल देते हैं। यह भी अपनी लड़की का यह हाल देख अपने पास ले आई और दिल में ख्याल करती थी कि कोई दिन में लड़का कहीं नौकर हो जाएगा। बस, हम माँ बेटी अच्छी तरह गुजारा करेंगी। अब थोड़े ही दिन मुसीबत के हैं। कोई दिन में यह दलिद्र पार हो जाएगा।

हिन्दुस्तान में जिस दिन से लड़का पैदा होता है माँ बाप को इतना उसकी परवरिश का फिक्र नहीं होता जितना शादी करने का होता है। चाहे घर में बहू के खाने का एक वक्त का भी न हो मगर शादी जरूर छोटी उम्र में करेंगी।

इस बुढ़िया को भी अब यह ख्याल खाए जाता था। किसी तरह शादी हो, घर बसे, बहू आवे। हर वक्त लड़की से यह कहा करती थी– अपने तईं जब जीती जानूँगी जब मनुआ का विवाह कर लूँगी।

इतने में लाला साहब की किसी की सिफारिश खुशामद से दस रुपये की नौकरी भी हो गई। भला, अब शादी को कौन रोक सकता था? मगर फिर भी इतना रुपया न था। और लड़कियों का घोड़ी और गधियों से भारी मोल है। लाचार बिचारी ने लड़की का जेवर बेच कर शादी की और लड़के ने इकरार कर लिया कि मैं बहन का सारा जेवर फिर बना दूँगा।

बहू ने पहले ही घर में घुसते इस मंत्र को पढ़ा :

क्या सास तुम मटको चटको, क्या मटकाओ कूल्हा?
डोले में से जब उतरूँगी, जुदा धरूँगी चूल्हा।

अब माँ-बेटी दोनों बहू की खिदमत करती थीं। जो कुछ कहीं से मेहनत मजदूरी कर अच्छी चीज पाती थीं पहले बहू के आगे धरती थीं।

दो-चार महीने बाद बीवी ने खाविंद से कहा–"तुम्हारी बहन हर वक्त मुझे मोल खरीदी कहती है। मुझे कभी चैन से नहीं बैठने देती। बस, मैं तुम्हारे घर रहना नहीं चाहती। जहाँ से मुझे लाए हो वहीं छोड़ आओ।"

वह मजनूँ की तरह लैला पर आशिक था। शीरी फरिहाद की मानिंद दीवाना था। यह सुनते ही बहन को मार-पीट के ससुराल में निकाल दिया। बेवकूफ ने यह न समझा कि बहन न होती तो बीवी कहाँ से आती। अब हर वक्त माँ की शिकायतें होती हैं। आज तुम्हारी माँ ने मुझे खाने को नहीं दिया, आज मुझे गालियाँ दीं। जोरू को नाराज रखना तो उन्हें किसी हालत में मंजूर न था। आखिर माँ से कहा, "तुम्हारा गुजारा ऐसे न होगा। तुम किसी और जगह जा रहो।"

वह बेचारी मुसीबतों की मारी सुनते ही जार-जार रोने लगी–"बेटा, मैंने तुमको किस मुसीबत से पाल के इतना बड़ा किया, चक्की पीसने के निशान अभी तक मेरे हाथों से नहीं मिटे, अब बुढ़ापे में मुझे निकाल देता है!"

लड़के ने झिड़क कर कहा–"तुमने क्या पाला, हमें परमेश्वर ने पाला है।"

सच है, परमेश्वर ही चक्की पीस-पीस इन्हें खिला जाता था। परमेश्वर ने ही शादी करने को रुपये भेजे थे।

दो-चार दफा के कहने से बुढ़िया ने न माना। तब तो बीवी ने बड़े जोश में आ कर कहा–"मैं ऐसे न रहूँगी कि एक म्यान में दो तलवारें नहीं रहतीं। या तो यही रहेगी या मैं।" बीवी का नाराज होना कब सहार सकते थे? आखिर बड़ी संगदिली से माँ से कहा–"तुम ऐसे नहीं जाती तो मैं और तरह से निकालूँगा।" और साथ ही बाँह पकड़ के दो-चार धक्के भी दिए। बेचारी बुढ़िया रोती हुई किसी पड़ोसी के घर जा बैठी। दो दिन बाद फिर घर में आई। जोरू देखते ही आग-बबूला हो गई। खफा हो कोठे पर जा बैठी। जब लाला साहब बाहर से आए बीवी को न देखा। आँखों में तारीकी छा गई। माँ को देख के जाना कि इसी की कुछ शरारत है। झटपट कोठे पर जा कर पूछा। बीवी ने कहा–"मैं इसका मुँह न देखूँगी। या इसे घर में रखो या मुझे।" बीवी का अलग होना मियाँ को कब मंजूर था? माँ को मारा-पीटा मगर बुढ़िया बाहर न निकली। रात को दोनों ने ऊपर ही आराम कर खाना खाया। बुढ़िया को किसी ने न पूछा। बीवी से नीचे उतरने को कहा।

उस काले सिर वाली ने कसम कर कहा–"जब तक इस कम्बख्त का मुँह काला न करोगे, मैं हरगिज नीचे कदम न धरूँगी।" उस जोरू के गुलाम ने माँ को

धक्के दे बाहर निकाल दिया। बुढ़िया रोती हुई किसी के दरवाजे पर जा पड़ी। उस घर के मालिक ने बुढ़िया को घर में ला खाना खिलाया। जब उसे होश आया अव्वल से आखिर तक अपना सब हाल कहा। अब बुढ़िया उन्हीं के घर काम करती है। तिस पर भी लड़के को याद हर वक्त किया करती है। और उस कम्बख्त ने कभी ख्याल भी नहीं किया कि मेरी माँ थी, कहाँ गई, मरी या जीती है। मैंने अपनी आँखों से उस बुढ़िया को देखा है और सब उसकी जबानी हाल सुना।

अव्वल तो मुझे कभी औलाद की ख्वाहिश ही नहीं होई थी मगर जो कुछ थी वह इसका हाल देखने से सब जाती रही। उस वक्त मैंने परमेश्वर का बड़ा शुक्र किया कि मुझे ऐसी दुःख देने वाली औलाद से माफ किया। अगर कोई कहे कि सब ऐसा नहीं करते, बेशक सौ में पिछत्तर ही करते हैं। शायद पच्चीस कम करते हों।

नम्बर 22

पतिव्रता धर्म

हिन्दुओं के महाभारत, मनुस्मृति वगैरह में स्त्रियों के वास्ते सिवा पति सेवा के और किसी तरह का पुण्य भजन नियम नहीं लिखा। वेदव्यास, पराशर, वशिष्ठ, मार्कण्डेय, याज्ञवल्क्य, वाल्मीकि और सबने स्त्रियों के वास्ते पतिव्रता धर्म ही मुख्य रखा है। ईश्वर की पूजा उपासना भक्ति सब स्त्रियों को पति सेवा से मिलती है। जो सिद्धि ऋषि लोग बड़ी तपस्या कर के पाते हैं वह इसको पति सेवा से मिल जाती है, जैसे एक स्त्री को मिली थी।

महाराज युधिष्ठिर ने मार्कण्डेय से इस धर्म का महातम पूछा। ऋषि ने कहा—कोई ब्राह्मण किसी व्याध के पास धर्म उपदेश को गया। व्याध ने कहा—फलाने शहर में एक पतिव्रता है। उसके पास जाओ। ब्राह्मण उसी शहर में गया और भीख माँगता हुआ बमूजिव बताने उस व्याध के उस पतिव्रता के दरवाजे पर पहुँचा। इत्तिफाक से उस वक्त उसका खाविंद आ गया। उसने खाविंद की खिदमत देवता की मानिंद की और बाद खिदमत करने के एक घड़ा पानी खाविंद के पलंग के चारों ओर डाल दिया। जब ब्राह्मण को भीख देने आई, ब्राह्मण ने पूछा—"देवी, पति सेवा के उपरांत पानी क्यों डाला?" पतिव्रता ने कहा—"तुम भिक्षा लो, तुम्हें इन झगड़ों से क्या काम है।" ब्राह्मण ने भीख न ली। तब उसने कहा—"फलाने शहर में आग लगी है। वहाँ मेरी बहन रहती है। इसलिए उसका घर बुझाने को यह पानी मैंने डाला है।" ब्राह्मण ने कहा—"इतनी दूर शहर है, तुम्हें किस तरह मालूम हुआ?" पतिव्रता ने कहा—"ऐ ब्राह्मण, यह सिद्धि मुझे पति सेवा ही से मिली है।"

ब्राह्मण इस बात के जाँचने को उसी शहर में गया जहाँ इसने आग लगी बताई थी और उसी के कहने के माफिक दरयाफ्त करने से मालूम हुआ कि तमाम शहर जल गया एक उसकी बहन का घर बाकी रहा।

यह कुछ ताज्जुब की बात नहीं है। इश्क का रुतबा बड़ा भारी है। जो इसकी

हद को पहुँच जाता है, ताज्जुब नहीं कि तमाम दुनिया की खबर रखे! यह सिर्फ खाविंद पर ही मुनहसर नहीं है। जहाँ जिसके हाथ यह दर्जे दर्जे पर पहुँचे बेशक सिद्धि को पावे जैसे योग वशिष्ठ में एक इन्दु नाम ब्राह्मण और अहिल्या नाम एक राजा की स्त्री ने आपस में आशिक हो वह सिद्धि पाई थी कि जो बड़े बड़े ऋषि मुनियों को नहीं मिल सकती। और आज कल भी जो कोई गुरु ब्राह्मण महात्मा स्त्रियों को उपदेश करता है वह भी यही कहता है—"पति ही देवता है। पति ही का ध्यान करो। पति ही की पूजा। पति ही का भजन। स्त्रियों के वास्ते पति ही परमेश्वर है और दूसरा कोई नहीं। जो स्त्री सिवा पति के दूसरा परमेश्वर जानती है वह इस दुनिया में बड़ा दुःख और परलोक में नरक पाती है।" आदमी को ईश्वर ने पैदा किया, फिर आदमी क्यों कर परमेश्वर हो सकता है? दूसरा, स्त्री पुरुष के दो जिस्म अलहैदा अलहैदा हैं। तब दोनों को अपनी तनपरवरी की जरूरत है। इस धर्म की ज्यादा हिदायत करने का खास मतलब उन लोगों का यह था कि स्त्री को अर्ध अंगी कहते हैं, यानी एक चीज की दो शक्ल। स्त्री पुरुष को एक मानते हैं और जाहिर में भी स्त्री की कोई जात नहीं। जिससे शादी होती है उसी की जात गिनी जाती है। फिर न उसको कोई कर्म-धर्म शास्त्र की बमूजिब करना होता है।

ब्राह्मण जनेऊ पहनते हैं। स्त्रियों को नहीं पहनाते। क्या वे ब्राह्मणी नहीं? इससे जाहिर है—स्त्री पुरुष एक के कर्म होने से दो के हो जाते हैं। उसका भी वही परमेश्वर है जो उसके खाविंद का है। बस, कुछ जरूरत नहीं है उसे उपासना भक्ति की। मगर यह उस जमाने के वास्ते था जब दोनों में प्रीति एक सी होती थी। दोनों का दिल एक होता था। दोनों का स्वभाव एक सा होता था। दोनों का मजहब एक होता था। दोनों का कर्म एक होता था। स्त्री पुरुष दोनों पसंद करके शादी करते थे। स्त्री भी अपने तईं आजाद पुरुष की बराबर जानती थी। अपनी खुशी से गंधर्व विवाह, स्वयंवर विवाह करती थी और ब्राह्मण विवाह, प्रजापति विवाह होते थे। इस हालत में सिवा स्त्री के पति को और सिवा पति के स्त्री को दूसरे का ख्याल न होता होगा। उस वक्त के लिए स्त्री को पतिव्रता धर्म से कोई और अच्छा धर्म नहीं था।

स्त्री पुरुष का रिश्ता रूहानी है जिस्मानी नहीं है। रूह का रिश्ता प्रीत से है—जब तक स्त्री पुरुष में प्रीत न हो विवाह नहीं। और इस हालत में कब प्रीत होने की उम्मीद है जब लड़का बम्बई में है और लड़की कलकत्ता में? न वह उसके मिजाज से वाकिफ है न उसकी सूरत से आशना है। ऐसी जगह इत्तिफाक से प्रीत हो तो हो, नहीं तो कोई सूरत प्रीत होने की नहीं है। मसलन कन्या पाँच वर्ष की है और वर साठ वर्ष का, कन्या बीस वर्ष की वर पाँच वर्ष का—क्या यह मुमकिन है कि बड़े होने पर इनमें प्रीत हो?

प्रीत समान की समान से होती है। इसका तो बेवकूफ को भी तजुर्बा होगा। देखो, बालक कभी बूढ़े से खुश नहीं रहता है हमेशा बालकों में ही खुशी से खेलता

है। जवान कभी बूढ़ी स्त्री से राजी नहीं रहेगा। जवान स्त्री कभी बूढ़े से खुश न होगी। बस, यह धर्म इस वक्त के वास्ते नहीं है। आज कल की स्त्रियों को विद्या से महरूम रख, जेलखाने में डाल, तिस पर शक कर, विधवाओं की दूसरी शादी न कर, आप दस-दस शादियाँ करते हैं। क्या यह बेइन्साफी नहीं इनको इस धर्म की राह बताना? क्या जुल्म नहीं अंधे को कुएँ में धकेल देना? क्या अंधे के बराबर इनकी हालत नहीं है?

दोहा: ग्राह ग्रसित पुन बातरस तेह पर बीछू मार;
ताह पियासी वारणी कहो कवन उपचार?

क्या इन को अविद्या के ग्राह ने नहीं घेरा है? क्या इन पर जबर्दस्ती नहीं? क्या बगैर पसंद किए हुए शादी बिच्छू के जहर से कुछ कम दुःख देती है? जिस पर इस धर्म की शराब मिलाना! क्या इससे भी बढ़कर दुनिया में कोई पाप होगा?

यह पतिव्रता धर्म नहीं, खुद-मतलबी-धर्म है। बेवकूफ से जो कहो करता है और जिस तरह कहो मानता है। तिस पर पतिव्रता धर्म के वाइस इन्हें किसी तरह का इंकार नहीं क्योंकि इस धर्म का मतलब यही है—खाविंद जो कहे मानना। अगर कहे कुएँ में गिरो फौरन गिर पड़े। अगर न गिरे स्वर्ग से निकाली जावे। अगर कहे, मेरे फलाने दोस्त से बच्चा पैदा करो, तो फौरन चली जावे चाहे अपना धर्म टूटे। और कई स्त्रियाँ इसी धर्म के पीछे अपने खास धर्म का भी ख्याल नहीं करतीं।

यह खुद-मतलबी-धर्म है। आप जो चाहे सो करें। इन्हें खाविंद के मरे पर भी इसी धर्म को रुलाए। आप रंडी लौंडों की बगल में आराम करें; इन्हें पंडित जी से धर्म का माहात्म्य सुनवावें।

नम्बर 23

कुछ कथा का हाल लिखा जाता है

हिन्दू और उनकी स्त्रियों का धर्म-कर्म खोने वाले इस धर्म की कथाएँ बना-बना सुनाते हैं। उसका कुछ खुलासा लिखा जाता है।

स्त्रियो, पति ही को देवता परमेश्वर मानो। इस दुनिया में सिवा पति के तुम्हारा उद्धार कारक दूसरा कोई नहीं है। इस धर्म के प्रभाव को ब्रह्मा भी नहीं जानते। जो स्त्री इस धर्म को करती है, देवता सब उसके अधीन हो जाते हैं।

इस धर्म के चार दर्जे हैं–उत्तम, मध्यम, कनिष्ठ और नीच। उत्तम वह है जो अपने खाविंद के सिवा दूसरे को दुनिया में पैदा हुआ ही न जाने। मध्यम वह है जो दूसरे पुरुष को भ्राता बाप के मानिंद जाने। कनिष्ठ वह है जो इस धर्म के डर से दूसरे के पास नहीं जा सकती। नीच वह है जो लोगों के खौफ से अवसर न मिलने से रुकी रहती है। पाँचवाँ दर्जा अपनी तरफ से और आज कल की स्त्रियों की दशा देख कर लिखती हूँ यानी जबर्दस्ती इस धर्म को कराना। घर में बन्द रखना, बाहर न जाने देना। लोगों ने इसी का नाम धर्म रखा है। जो घर से बाहर निकली इस धर्म से गिराई गई। घर में चाहे कुछ करें। ऐ श्री शृगाल वृत्ति शर्मा, श्री वराह वृत्ति शर्मा, श्री काक वृत्ति शर्मा, श्री वका वृत्ति शर्मा, श्री कूर्म वृत्ति शर्मा पण्डितो, जो आदमी धर्म अर्थ ही नहीं जानता भला वह इस धर्म को कैसे करेगा?

पण्डित जी कहते हैं–"देखो, एक स्त्री ने इस धर्म के प्रभाव से धर्म राज का आधा अंग काला कर दिया था।" क्यों न हो? धर्मराज भी तो मर्द की अलामत्त रखते थे। आखिर अपने जिन्सी धर्म पर आ गए होंगे। स्त्री ने एक ऐसी चपेड़ धर्म के मारी–आधा मुँह काला कर दिया। और दूसरा मतलब यह भी है–जो कोई किसी से किसी तरह की बदचाली करता है उसको भी मुँह काला करना कहते हैं।

एक स्त्री ने इस धर्म के जोर से सूर्य का निकलना बन्द कर दिया। कोई ऋशि सूली पर लटकता था। यह अपने पिंगला पति को टोकरे में धरे सिर पर उठाए फिरती

थी। इत्तिफाक से उसी रास्ते आ निकली। ऋषि के पाँव पिंगला के सिर में लगे। उसने आह खींची। स्त्री ने श्राप् दिया। यह सुन कर सूली चढ़े ऋषि ने कहा–"जा, जिसे उठाए फिरती है कल वह सूर्य के निकलने से मर जाएगा।" स्त्री ने कहा–"अगर मैं पतिव्रता हूँ तो सूर्य ही न निकलेगा।" स्त्री ने कई दिन तक सूर्य को निकलने न दिया। आखिर देवताओं को तलाश करने से मालूम हुआ कि एक पतिव्रता ने सूर्य को रोक रखा है। फिर विष्णु भगवान ने आ कर सती को समझाया और सब देवताओं ने स्तुति की।

अगर वह पिंगला खाविंद को उठाए फिरती थी तो वजा था, बल्कि हर एक औरत को ऐसी ही वफादारी करनी चाहिए। सिर्फ खाविंद पर ही नहीं, माँ, बाप, भाई, बेटा जो ऐसी मुसीबत में गिरफ्तार हो, सब पर ऐसा ही रहम करना चाहिए। बेशक, जो आदमी औरों पर रहम करता है परमेश्वर जरूर उस पर रहम करेगा। अगर देवता कुछ चीज है तो वे भी ऐसे आदमी के ताबेदार हों जाते हैं बल्कि वह खुद देवता बन जाता है।

पुराण में लिखा है–"एक स्त्री बड़ी पतिव्रता थी मगर पति उसका महामूर्ख, कुरूप, निर्धन, व्यभिचारी था। कभी स्त्री से खुश हो कर नहीं बोलता था। एक दिन स्त्री ने हाथ जोड़ कर कहा–"स्वामी, तुम किस लिए हर वक्त उदास रहते हो? जो कुछ तुम्हारे मन की बात हो कृपा कर मुझसे कहिए। जहाँ तक मुझसे हो सकेगा सिर आँखों से करूँगी। अगर मेरी जान भी आपके काम में आवेगी तब भी दरेग न करूँगी।"

खफा हो कर खाविंद ने जवाब दिया–"इस शहर के बादशाह की आशना अगर एक रात मेरे पास रहे तो मैं खुश हूँ।" उस दिन से स्त्री चार घड़ी रात रहे उठ कर उसी रंडी के मकान पर जाती और सुबह होते उसके घर का सारा काम कर खाविंद की खिदमत में आ हाजिर हो जाती थी। एक दिन उस वेश्या ने दिल में कहा–ऐसा कौन शख्स है जो रात में मेरा काम कर जाता है? बस, वह रात को जागती रही। जब वह स्त्री आई इसने हाथ पकड़ कहा–"तू कौन है और क्या गर्ज रखती है?" स्त्री ने दोनों हाथ जोड़ कर पाँवों में सिर धरा और कहा–"अगर मेरा काम पूरा करो तो मैं अर्ज करूँ।" रंडी ने ख्याल किया कि दौलत से बढ़कर क्या माँगेगी? कहा–"अच्छा, बेखौफ अर्ज कर।" जो इसके खाविंद ने कहा था इसने अर्ज कर दिया। तब वेश्या ने वायदा किया कि कल रात को तेरे घर आऊँगी। स्त्री ने खाविंद को यह खुश खबरी सुनाई। तब उसने और और चीजें मँगाईं। स्त्री ने सब अपना जेवर बेच कर ला दीं। दूसरे दिन शाम को वेश्या आई। यह उसको देख कर बहुत खुश हुआ और दोनों ने खाना खा शराब पी। एक जगह आराम किया और इससे कहा–"तू पानी की झारी लिए दरवाजे पर खड़ी रह, जब हम माँगे देना।" दोनों नशे में सो रहे। यह वहाँ खड़ी रही। इतने में ठण्डी हवा चली। फिर बादल गरजा। फिर

ओले पड़े। लेकिन यह स्त्री जरा न हिली। पानी लिए वैसी खड़ी रही इसलिए कि खाविंद की आज्ञा भंग न हो। इस वक्त का मरना तीनों लोक को जीतना है। उस वक्त भगवान का सिंहासन हिला। जाना कि किसी भक्त पर कष्ट पड़ा। मालूम किया कि पतिव्रता को कष्ट है। बस, उसके लाने को विमान भेजा कि स्त्री को स्वर्ग में ले आओ। स्त्री ने दूतों से कहा–"जब तक मेरे खाविंद को विमान न आवेगा, मैं न जाऊँगी।" दूसरा विमान आया तब उस व्यसनी ने कहा–"जब तक यह वेश्या न जाए मैं हरगिज न जाऊँगा।" वेश्या ने कहा–"जब तक मेरा प्यारा राजा स्वर्ग में न जाएगा मैं जा कर क्या करूँगी?" राजा ने कहा–"मैं अकेला जा कर क्या करूँगा? जब तक मेरी सारी प्रजा न जाएगी मैं नहीं आने का।" भगवान ने उस पतिव्रता के धर्म से सारे नगर को विमान भेजे। वह स्त्री, सारी पुरी, स्वामी सहित स्वर्ग को गई।

ऐ स्त्रियो, अगर तुम अपना भला चाहती हो पति की सेवा करो। चाहे पति कैसा ही बुरा हो पर तुम देवता की मानिंद जानो। देखो, रामायण में तुलसी दास ने कहा :

चौपाई

बुद्धि रोग सब जड़ मति हीना, अंध बधिर क्रोधी अति दीना।
ऐसेहुँ पति कर कर्म अपमाना, नार पावे यमपुर दुख नाना।।

सोरठा

सहज अपावन नार पति सेवत शुभ गति लहे।
यश गावत श्रुति चार अजहुँ तुलसी हरि हैं पिये।।

स्त्री जात शुद्ध और पवित्र किसी तरह से मुक्ति नहीं पा सकती। बस, तुम्हारा उद्धार सिवा इस धर्म के और किसी तरह नहीं हो सकता।

बेशक खाविंद बिना दुनिया में गुजारा करना बड़ा कठिन है मगर ऐसे खाविंद से जिसको अपना दिल प्यार करता हो, ऐसे से नहीं जो जबर्दस्ती खाविंद बना दिया गया है। ऐसे खाविंद से इस दुनिया में ही नरक है। यह कुछ पुराने जमाने का ही हाल नहीं है। आज कल बहुत स्त्रिएँ इससे ज्यादा ज्यादा कष्ट उठाती हैं। सिर्फ इसी धर्म के वाइस कई जगह सुनने में आया और देखा भी गया है–खाविंद जब अपनी दोस्त को ले कर पलंग पर आराम करता है, यह बराबर पंखा झला करती है। फिर औरत से बराबर उसके और अपने पाँव दबवाते हैं। अगर सब नहीं कोई करता होगा। नहीं, इसी रोशन जमाने में हजार में आठ सौ औरत ऐसा ही करती हैं। हमने कभी नहीं सुना कि किसी को विमान आया हो। हाँ, बेशक आप ही जहर से या किसी हथियार से अपना घात कर चली जाती हैं। अगर कोई कहे–आज कल की स्त्रियाँ

सच्चे दिल से इस धर्म को नहीं करतीं तब पंडित जी से पूछा जाता है कि जब आपकी स्त्री अपने यार को घर में बुला तुमसे उसकी खिदमत करावे तब आपको मालूम हो कि सच्चे दिल से क्यों कर यह धर्म होता है।

कसाई के घर गाएँ जभी तक रहती हैं जब तक मकान में बंद रहें, जब मकान से बाहर हो, फौरन भाग जाती हैं। जेलखाने में कैदियों से हर तरह का काम लिया जाता है। मगर जब जेलखाने से बाहर हुए किसी की ताकत नहीं जो कोई उनसे कुछ काम करा सके। इसके लिखने की कुछ जरूरत नहीं।

इसका सबूत खुद उनके दिलों में आ जाएगा। जैसे हिफ्ज किया हुआ सबक किताब बंद करने से भी याद आ जाता है वैसे ही पाठकों को इसके देखने से तमाम स्त्रियों के धर्म जो वे जबर्दस्ती इस पतिव्रता धर्म के पीछे सहारती हैं याद आ जाएँगे।

ऐ असाध्य बीमार को मरने की खबर सुनाने वाले पंडितो, जरा इंसाफ की नजर से अपने दिल में ख्याल करो। इस धर्म उपदेश ने आपकी क्या-क्या बुरी दशा कर दी है और कितने दर्जे का पाप तुममें फैल गया है! यह सिर्फ स्त्रियों को ही दुःखदायक नहीं है। नहीं, इसका फल तमाम हिन्दुस्तान में फैला है, जिसका फल यह है कि व्यभिचार करने को लोग कुछ पाप नहीं मानते बल्कि जो इस काम में नहीं पड़ता उसे नामर्द करार देते हैं।

फिर जो जो दोष आदमी में कामी होने से आ जाते हैं सब तुम पर जाहिर हैं। जो पुरुष व्यभिचारी होते हैं उनका मन कुत्ते की मानिंद हमेशा मैले ही में लगा रहता है! फिर यह दस दोष उनमें झटपट आ जाते हैं–चोरी, हिंसा, व्यभिचार, निन्दा, दुर्वचन, झूठ, क्रोध, ईर्ष्या, अहंकार, छल। जहाँ इनमें से एक भी हो वहाँ कभी पुण्य या शुभ कर्म नहीं हो सकता और जहाँ यह दसों होंगे वहाँ पाप का क्या ठिकाना है! फिर जिस आदमी में वे और उसकी शाखें सब हैं विद्या तो उसे कभी ख्वाब में भी दर्शन नहीं देती और जहालत रहती है और आज हिन्दुस्तान की जहालत छिपी नहीं है।

फिर मर्द व्यभिचार करते हैं और अपनी स्त्रियों को मार-पीट कर सब तरह के दुःख देते हैं। वे बेचारी तंग हो या तो इस धर्म के पीछे अधर्म करती हैं या इस धर्म सहित अपने तईं तमाम करती हैं। यह तो वही मिसाल हुई कि अंधे को राह न बताना, उलटा कुएँ में धक्का दे देना। औरतों के वास्ते यह धर्म ऐसा है जैसा नीम जान के मरने की खबर या गिरे को लात मारना, और मर्दों की व्यभिचार में हिम्मत बढ़ाना, दिलेरी करना, इस काम में पुख्ता करना। ऐ श्री शृगाल वृत्ति शर्मा, श्री वराह वृत्ति शर्मा, श्री काक वृत्ति शर्मा, श्री वक वृत्ति शर्मा, श्री कूर्म वृत्ति शर्मा पंडितो, क्या यह पाप नहीं है? क्या सिवाय भीख मांगने के तुम्हारा कोई और धर्म कर्म है? एक भोले विद्याहीन आदमी को स्वर्ग का धोखा दे नरक में धक्का दे देना। मेरे नजदीक जान से मार देना पाप नहीं है जितना कि धोखा दे खराब रास्ते में डाल कर खराब

करना।

मरा हुआ आदमी अपने फैल अपने संग ले जाता है मगर जिन्दा आदमी खराब हो औरों को खराब रास्ते में घात करता है। बस, यह जिन्दा रह औरों की खराबी का वाइस बन जाता है।

ऐ ब्रह्म से हुए गिरे पंडितो, वह वक्त और था जब लोग इस धर्म से स्वर्ग में जाते थे, मगर आज कल इस धर्म से लोग अधर्म कर, रात दिन पापियों की रेल नरक के दरवाजे पर खड़ी रहती है।

ऐ हिन्दुओं को नेक रास्ता बताने वालो, अगर परमेश्वर से अपना कसूर माफ करा फिर हिन्दुस्तान को नेक राह पर लाना चाहते हो तो पहले उन किताबों को आग में फूँक दो जिनमें स्त्रियों के वास्ते इस धर्म की हिदायत है और मर्दों के वास्ते कुछ नहीं है।

बस, अब इस जमाने के वास्ते नया धर्म बनाओ जिसमें स्त्री पतिव्रता धर्म करे। मर्द दूसरी का ख्याल ख्वाब में भी न लावे। अगर ख्याल करे फौरन स्वर्ग से निकाला जावे।

मेरा यह मतलब नहीं है कि मर्द स्त्री के ही वश में हो जाए। नहीं, जैसा पाप स्त्री को दूसरे पुरुष पास जाने से होता है वैसा ही पुरुष को भी दूसरी स्त्री पास जाने से समझाओ।

ऐ नेक गरीब भोली हिन्दनियो, इस खुद मतलबियों के कहने को हर्गिज न मानो। तुमको पतिव्रता माहात्म्य सुनाते हैं और तुम्हारे खाविंदों को कोक शास्त्र और नायिका भेद और बहार ऐश और लज्जतुल निसा की पोथियाँ सुना कर कहते हैं—इस दुनिया में जिसने दो चार दस बीस कन्याओं से संग नहीं किया उसका पैदा होना ही निष्फल है।

बस, अब तुम इस धर्म को छोड़ दो। ऐसी पति सेवा से स्वर्ग नहीं मिलेगा। लेकिन कुंभी पाक नरक जो सिर्फ इन पंडितों के वास्ते ही बनाया गया है तुम्हें भी वहीं जाना पड़ेगा।

यह बड़े-बड़े महात्मा का वाक्य है—जो किसी को बद काम में मदद देता है या उसे मना नहीं करता वह उसके आधे पाप का भागी हो जाता है।

बस, तुम्हारे इस धर्म करने से तुम्हारे पति अधर्म करते हैं। जब वे किसी गैर स्त्री के पास जाते हैं या उसे घर में ले आते हैं तुम उस वक्त इस धर्म के वाइस बोल नहीं सकतीं क्योंकि खाविंद के बरखिलाफ न बोलना ही धर्म है। बस, वे इस काम में दिलेर हो जाते हैं। गरज, उस वक्त तुम्हारा कुछ न कहना आइंदा के लिए उन्हें अधर्मी बना देता है। ज्यों ज्यों तुम इस धर्म में दृढ़ होती जाती हो त्यों त्यों वे अधर्म में ज्यादा हो जाते हैं। फिर यकीन नहीं हो सकता कि तुम्हारें दिल पर कुछ सदमा न होता हो। बस, अपने ही दिल पर सहारती हो। जब नहीं सहारा जाता तब

आप ही मर जाती हो। गोया यह धर्म, उनका अधर्म, तुम्हारी जान लेने वाला है। तुम्हारा मतलब इस धर्म के करने से था कि वे तुम पर ऐतबार रखें। उलटा तुम्हीं जेलखाने में डाली गईं और शक तुम पर किया गया। मैं यह नहीं कहती कि इस धर्म को ही छोड़ दो बल्कि सच्चे दिल से इस धर्म को करो। सच्चे दिल से धर्म तब हो सकता है जब तुम्हारे खाविंद तुम्हारा ख्याल करें। वह ख्याल तब कर सकते हैं जब जनाकारी से बाज आएँ।

उनको जनाकारी से रोकने की यह अच्छी तजवीज है। जब किसी औरत के पास जावें तुम कहो हम भी दूसरे मर्द के पास जावेंगी। अगर किसी रंडी-लौंडे को घर में लाएँ तुम फौरन शादी तोड़ दो। और आदि वेद में लिखा है कि—तैने कीती राम जनी, मैंने कीता राम जना।

फिर जो जो सदमे तुमको उनकी जनाकारी से गुजरते हैं वे फिर इनके दिल पर बीतेंगे। और उम्मीद है कि शायद इस काम से बाज आ जाएँ। अगर कहो, वे हमारे ऐसा करने से मारे-पीटेंगे, नहीं, हमको परमेश्वर ने श्रीमती न्याय कारिणी के हाथ में सौंपा हुआ है। ऐसे राज्य में हमको किसी तरह का खौफ न करना चाहिए।

इस जमाने में शेर बकरी एक घाट पानी पीते हैं। बस, अब किसी की ताकत नहीं जो किसी के बदन पर किसी तरह का जुल्म कर सके।

ऐ प्यारी बहनो, तुम सच्चे दिल से, लोगों के खौफ से नहीं, उसी पहले दर्जे का पतिव्रता धर्म में जो ऊपर लिखा गया है अपने मन को लगाओ और अपनी तमाम सारी ताकतों से कोशिश करो जिससे तुम्हारे खाविंद भी इसी धर्म के लायक को जावें।
